오늘부터
건물주

오늘부터 건물주

가장 쉽게 배우는 부동산 경매

제이든(채병도) 지음

탈잉™

차례

머리말 어제보다 나은 오늘을 삽시다 ·· 8

Chapter 1
내성적인 건물주 스토리 공개!

01 막내아들의 꿈 ·· 12
02 서른, 중간 은퇴 ·· 18
03 내성적인 건물주의 탄생 ·· 25
— '크랩 바구니' 이론 ·· 32

Chapter 2
당신도 건물주가 될 수 있다!

01 투자를 시작하기 전 알아야 할 것 ·· 40
02 당신이 몰랐던 경매의 비밀 ·· 48
03 레드오션을 이기는 차별화 전략 ·· 55
— 돈을 잃는 사람들의 특징 ·· 60

Chapter 3

알아두면 돈이 되는 경매 지식!

- 01 흔들리지 않기 위한 준비물 ·· 66
- 02 단번에 이해하는 경매 절차 ·· 72
- 03 경매 사이트 이용 방법 ·· 79

Chapter 4

알면 돈 벌고, 모르면 돈 잃는다!

- 01 개념 및 용어 정리 ·· 90
- 02 등기부등본 권리분석 10초 컷 ·· 94
- 03 부동산 몰라도 알아야 하는 임차인 권리 ·· 98
- 04 간단한 임차인 권리분석 ·· 107
- 05 대항력 있는 임차인 권리분석 ·· 111

Chapter 5

직장 다니며 좋은 물건 찾아보자!

- 01 인터넷으로 끝내는 물건 조사 방법 ·· 124
- 02 하루 만에 끝내는 시세 조사 ·· 128
- 03 여행하듯 임장하기 ·· 132

Chapter 6

법원에 입찰하러 가보자!

- **01** 경매 실전 입찰 방법 ·· 142
- **02** 머릿속으로 그려보는 경매 절차 ·· 151

Chapter 7

소액으로도 투자할 수 있는 이유!

- **01** 부자들만 알고 있는 대출 이용법 ·· 158
- **02** 실수하면 끝! 대출 계산 방법 ·· 162
- **03** 돈 벌어주는 대출 조건 비교 ·· 167
- **04** 다시 한번 체크하는 대출 총 정리 ·· 172

Chapter 8

복잡한 거 싫어하는

- **01** 경매 학원도 안 알려주는 명도 노하우 ·· 178
- **02** 걱정 끝! 강제집행에 대한 모든 것 ·· 193

Chapter 9

시간은 금, 효율적으로 관리하자!

- 01 가성비 좋게 인테리어 하는 방법 ·· 204
- 02 의외로 단순한 임차인 구하기 ·· 211
- 03 가장 행복한 임대차계약 방법 및 관리 ·· 214
- — 부동산을 손쉽게 관리하는 초간단 노하우 ·· 222

Chapter 10

이제는 말할 수 있다!

- 01 경매 낙찰가 맞추는 비결 ·· 230
- 02 초보자가 피해야 하는 케이스 ·· 239
- 03 골칫덩어리 반지하 ·· 243
- 04 가장 걱정되는 부동산 세금 ·· 252
- — 부동산 대책을 신경 쓰지 않는 이유 ·· 256

경매 초보자를 위한 〈경매 용어 사전〉 ·· 264
맺음말 지금 당장, 행복한 부자 되세요 ·· 276

머리말

어제보다 나은
오늘을 삽시다

평범한 사람은 건물주가 될 수 없다고 생각하시나요?

근로소득 외에도 안정적인 소득을 만들고 싶었던 저는 한 친구를 만나 부동산 경매에 대한 이야기를 들었습니다. 그 친구가 가지고 있던 부동산을 보고 시기와 질투보다는 진심으로 축하하며 배우고 싶다는 마음이 들었습니다. 그렇게 '나도 할 수 있는 투자 방법'이 있다는 걸 알게 되었죠.

몇십억 원의 자산가가 되었다는 말을 하려는 게 아닙니다. 월 500만 원, 월 1천만 원도 아닌 '월 100만 원 월세'를 만들어낸 평범한 저의 이야기를 담았습니다.

저는 물리치료사로 일했고, 부동산 전문가가 아닙니다. 대담하고, 무작정 부딪쳐보고, 공인중개사 사무소에 들어가 모르는 사람과 자연스럽게 이야기를 나눌 수 있는 사람이 아닙니다. 그래서 '내성적인 건물주'라고 불렸습니다. 저는 그저 정리를 조금 열심히 하는 사람일 뿐입니다. 그동안 보고 들었던 교육을 정리하며 저에게 맞는 방법을 생각했고, 결국엔 건물주가 될 수 있었습니다.

저는 지금 대단한 부자는 아닙니다. 그렇지만 부자가 될 것입니다. 가족, 자신, 건강, 행복, 친구 등 돈보다 가치 있는 것들을 지키기 위해서 돈을 벌기로 했습니다. 건강을 해치면서 돈을 벌지는 않을 겁니다. 균형 있는 삶을 살기 위해 안정적인 수입을 만들며 살아가고 있습니다. 제 삶의 복지를 제 스스로 만드는 과정에서 경험한 것들을 이 책에 모두 적었습니다. 수많은 방법론을 공부하면서 내성적이었던 저에게 맞는 투자 방향을 찾았고, 그에 대한 노하우를 중간중간 담았습니다.

이 책에 나온 방법이 투자의 진리라고 말하고 싶진 않습니다. 각자의 성향에 맞는 방식을 찾는 게 우선이라고 생각하기 때문이죠. 다만 이 방법이 당신의 경제적 자유를 위한 하나의 힌트가 되었으면 합니다. 이 글이 당신의 인생을 변화시키는 기회가 된다면 좋겠습니다.

내성적인 건물주, 제이든

Chapter 1

내성적인 건물주 스토리 공개!

01

막내아들의 꿈

부자가 되고 싶었던 막내아들

가족들은 나를 막내아들이라고 부른다. 나는 삼 남매 중 막내로 태어났고 위로 누나 2명이 있다. 부모님과 누나들의 애정을 듬뿍 받고 자라서 그런지 가족을 많이 생각하는 편이다. 독립해 살기 시작하면서부터는 항상 가족사진을 잘 보이는 곳에 붙이고, 힘들 때마다 가족들을 생각하며 자신감을 듬뿍 채웠다.

이렇게 소중한 가족이 돈 때문에 힘들어하던 시절이 있었다. 그

때는 정말 가난이 지긋지긋했다. 그렇지만 가난으로 인한 경험들이 지금의 나를 만들어주지 않았나 싶다. 나는 일찍 자본주의에 눈을 떴고 돈과 성공에 관한 책을 많이 읽었다. 그런데 나뿐만이 아니라 돈을 많이 벌고 있는 사람들의 이야기를 보면 유독 가난한 어린 시절을 보낸 경우가 많다. 그 이유가 뭘까? 결핍이 있기에 악착같이 돈 버는 방법을 찾은 게 아닐까? 그들은 결핍에서 멈추지 않고, 그것을 극복하고자 하는 승부욕을 가졌다. 나 또한 결핍이 있었고 성공하고 싶은 욕심이 있었다.

초등학생 때, '부자'가 정확히 무엇을 말하는지 몰랐지만 부자가 되고 싶었다. 누군가는 행복에 있어 돈이 중요하지 않다고 하지만, 나는 소중한 것들을 지키기 위해서 최소한의 돈은 필요하다고 생각한다. 비싼 물건으로 사치를 부리며 살고 싶다는 것이 아니다. 적어도 소중한 사람들에게 사주고 싶은 게 있으면 사줄 수 있는, 한 달 생활비는 걱정 없이 쓸 수 있는, 1년에 한두 번 정도 여행을 갈 수 있는 여유를 가지고 싶었다. 한 번뿐인 인생을 그렇게 살고 싶었다.

부자는 돈이 많지만, 시간도 많다

여러분에게도 지키고 싶은 것들이 있을 것이다. 가족, 자신, 친구, 연인, 건강 등 다양한 것이 될 수 있겠지만 나는 무엇보다 가족을 지키고 싶었다. 우리 가족은 화장실이 집 밖에 있는 반지하에 살았다. 특히 겨울에 굉장히 불편했는데, 추위 때문에 외투를 입고 화장실에 가야 할 정도였다. 이런 트라우마 때문인지, 어른이 되어 집을 구할 때는 항상 화장실이 따뜻한지부터 확인하게 되었다. 아무튼, 누나들과 나는 현관문 밖에서 누가 들여다보지 않을까 걱정하면서 야외 화장실에서 샤워를 하고 머리를 감았다.

그런 내가 추위보다 더 싫어하는 게 있다. 그건 바로 벌레다. 우리 집에는 바퀴벌레가 정말 많았는데, 밤에 화장실을 가려고 거실 불을 켜면 20~30마리의 바퀴벌레들이 '사사삭' 소리를 내며 움직였다. 그러다 어느 날부터 바퀴벌레가 안 보이기 시작했고 벌레 걱정 없이 불을 켤 수 있게 되었다. 그런데 그것도 잠시, 이제는 쥐가 나타났다. 쥐가 생기면서 벌레가 도망간 것이었다. 아버지가 신문지를 돌돌 말아서 집 안에서 뛰어다니던 쥐를 잡던 모습이 지금도 생생히 기억난다.

집 바닥에서 물이 올라오고 온수도 나오지 않아 몇 달 동안 신발을 신고 생활하며 찬물로 씻은 적도 있었다. 바닥에서 올라오는 물을 피하기 위해 온 가족이 다 함께 중고 침대 위에서 잤던 기억이 또렷하다. 이 외에도 많은 일이 있었지만 여기까지만 하겠다. 그때의 냄새 그리고 그때 느꼈던 감정들을 아직도 잊을 수가 없다.

시간이 흘러 전문대 물리치료학과를 졸업하고 곧바로 일을 시작했다. 1년 차 때는 신입이다 보니 업무를 배우기 위해 모든 시간을 쏟아부었다. 그렇게 2년 차, 3년 차가 되면서 일이 점점 익숙해졌고 더 많은 돈을 벌기 위한 방법을 찾아 나섰다. 물론, 본업에 관한 공부도 꾸준히 했다. 평일에는 12시간씩 일을 했고 주말에도 쉬지 않았다. 퇴근 후엔 중국에서 물건을 떼다 파는 유통업을 했고, 주말엔 보조 강사로 일했다. 일을 많이 하는 것만이 부자가 되는 길이라고 믿었다. 친구들이 항상 나에게 일 좀 쉬엄쉬엄하라고 당부할 정도였다. 지금 생각해보니 바보 같았다.

일하는 만큼 돈은 벌었지만 내 시간이 없었다. 가족을 위해 돈을 벌겠다던 나는 가족들을 볼 수 있는 시간도 없었고 친구들을 만날 시간도 없었다. 그러다가 문득, 돈이 많아도 시간이 없으면 무슨 의미가 있나 싶었다. 소 잃고 외양간을 고치기는 싫었다. 그렇게 나는 '돈과 시간을 둘 다 벌 수 있는 방법은 없을까?' 고민하기 시작했다.

무엇보다 값진
안 선생을 만나다

'안 선생'은 대학 동기다. 열심히 일하고 직장에서도 인정받으면서, 남는 시간에는 부동산 투자를 하고 사업도 하는 신기한 친구였다. 나도 나름대로 열심히 살고 있다고 생각했는데, 그와 나는 전혀 다른 방향으로 달려가고 있었다. 나는 그때 생각했다. '열심히 하는 것은 좋지만 이왕 달리는 김에 좀 더 효율적인 길로 달리면 좋지 않을까?' 그 친구를 보면서 나는 방향을 조금씩 수정하기 시작했다. 안 선생은 좋은 조언자가 되어주었고 그의 행동들은 새로운 자극이 되었다.

하루는 그를 찾아가 카페에서 이야기를 나눴다. 그는 자신이 빌라를 사고 있고, 여러 개의 빌라에서 월세를 받고 있다고 말했다. 그때 그의 확신에 찬 말투와 목소리가 아직도 기억난다. 나는 머리를 망치로 한 대 맞은 듯했다. 부동산 투자에 대한 시각이 완전히 바뀐 것이다. 집주인이 되려면 적어도 몇천만 원, 몇억 원은 있어야 하는 줄 알았다. 그런데 몇백만 원으로도 그게 가능했다. 나 같은 '흙수저'도 집주인으로 살아갈 수 있다는 것을 그때 처음 알았다. 이날 나는 잠이 안 올 정도로 흥분된 상태로 '월세 받는 나의 모습'을 머릿속에서 생생하게 그려보았다. 나는 그렇게 '부동산 경매'라는 환상적인 세상을 알게 되었다.

안 선생의 이야기를 듣고 나니 그 방법을 배우고 싶었다. 물론 부동산 경매는 나에게 낯선 대상이었기에 높은 벽처럼 느껴졌고, '과연 내가 할 수 있을까'라는 의문이 들곤 했다. 그때마다 나는 이런 생각을 했다.

'급할 필요 없어, 사람들의 경험을 들어보고 나만의 방법을 찾자.'

이렇게 생각한 뒤로 마음이 편해지면서 해야 할 일이 단순해졌다. 부동산 경매와 관련된 책과 영상을 닥치는 대로 봤다. 이후에는 교육을 들으러 다녔고 멘토와 동료들을 만들었다. 부동산 경매에 대한 시야가 점점 확장되고, 생각하는 폭도 넓어지면서 자신감이 생기기 시작했다. 그동안 받은 교육을 나만의 방식으로 정리하고, 멘토와 동료들의 경험과 조언을 기록하며 투자를 시작했다. 종잣돈 500만 원으로 첫 입찰을 했고 투자를 시작한 지 1년 만에 '월세 받는 집주인'이 됐다.

02

서른, 중간 은퇴

그만둘 용기를
스스로 만들다

나는 부동산 경매로 빌라를 사서 다달이 월세를 받는 투자를 하고 있다. 월세 수입을 만들기 시작한 가장 큰 이유는 '안정적인 환경' 때문이다. 좀 더 자세하게 이야기를 해보겠다.

　물리치료사로 일하며 어떻게 하면 환자들이 만족할 수 있을지 끊임없이 공부했다. 환자들에게 만족감을 줄 수 있는 요소는 다양하다. 효율적인 치료, 공감, 서비스 그리고 환자의 관심사 파악 등 이 모든 것들이 포함된다. 이런 부분을 고민하고, 환자들과 대화를 나누며 치료하는 과정이 뿌듯하고 좋았다. 하지만 병원에서 근무하는 시간이 길어지면서 반복되는 일상에 지쳐가며 점점 무기력해졌다. 그때쯤 새로운 꿈을 가졌던 것 같다. 본업을 그만두고 싶은 생각이 스멀스멀 올라왔다.

나는 무엇이든 새로운 시작을 하기 전에 그와 관련된 책을 읽는 편인데, 그때도 어김없이 책을 읽었다. 자기 계발이나 꿈에 대한 책을 읽었는데, 책에서 이런 말들을 많이 봤다.

"아직 젊으니까 하고 싶은 걸 해봐!"
"무작정 시작해보고 배워가는 거지!"
"돈이 없어도 좋아하는 일을 하면 견딜 수 있어!"

나도 동의한다. 실패는 성공의 어머니라는 말도 있지 않은가? TV를 보면 성공한 사람들의 청년 시절 이야기를 심심치 않게 볼 수 있다. 당장 돈이 없어 식사도 제대로 못 하고, 교통비를 아끼기 위해 먼 길을 걸어 다니지만, 그런 상황을 견디며 누구보다 열심히 노력하고 꿈을 위해 달려 결국 성공하게 된다. 하지만 나는 궁금하다. 수많은 사람들 중에 이렇게 성공하는 사람은 과연 몇 명이나 될까?

나는 겁도 많고 걱정도 많은 성격이다. 그래서 하고 싶은 일을 하기 위해 본업을 그만두고 맨땅에 헤딩하기에는 솔직히 무서웠다. 본업에서 나오는 수입이 전부였기 때문에 이 일을 그만두면 수입이 전부

끊기게 된다는 생각에서 벗어날 수 없었다.

이쯤에서 이런 생각이 들 수 있다. '본업을 하면서 남는 시간에 하고 싶은 일을 조금씩 시작해보는 것은 어떨까?' 물론 이 방법도 좋다. 수입이 있는 상태에서 다른 일을 도전해보는 것도 꽤 괜찮다. 그러나 직장인들이라면 알겠지만 아침부터 저녁까지 일하고, 미어터지는 대중교통을 견디며 집에 도착하면 그야말로 녹초가 된다. 퇴근하고 집에 와서 다른 일을 한다는 게 쉬운 일이 아니다.

나도 마찬가지였다. 퇴근 후에는 TV를 보며 쉬고 싶고, 맛있는 음식을 먹으며 맥주도 한잔하고 싶었다. 그래도 간절히 바라던 구체적인 미래가 있었기 때문에 나는 이런 꿀 같은 휴식을 포기하고 퇴근 이후 시간을 활용해보기로 했다.

그렇게 병원에서 열심히 일하고, 퇴근 후 나의 일을 준비하며 바쁘게 살다가 문득 이런 생각이 들었다.

'내가 하고 싶은 일에 올인 할 수 있으면 얼마나 좋을까?'

이런 생각을 수없이 했지만 그렇다고 병원을 무작정 그만둘 용기는 없었다. 그래서 나는 안정적인 환경을 만들어두고 병원을 그만두기로 결심했다. ==일을 안 해도 먹고살 수 있는 최소한의 환경을 만들기로 한 것이다.==

월세 수입을 만들기 시작한 이유는 또 있다. 물리치료사 3년 차 때, 직장은 어떤 존재인지 생각한 적이 있다. 결론은 직장은 나를 책임져주지 않는다는 것이었다. 죽을 때까지 월급을 주는 직장이 있을까? 나는 없다고 본다. 내가 필요 없어지면 직장은 나를 버릴 것이다. 당연한 일이다. 이뿐만 아니라 본인, 가족, 배우자를 돌봐야 하는 상황이 오거나 코로나19처럼 예상치 못한 일들로 당분간 일을 못 하게 될 수도 있다. 그럴 때 직장에서 받는 월급 외에 다른 수입을 만들어두면 더 안정적으로 생활할 수 있지 않을까 생각했다. 미래를 예측할 수는 없지만 대처할 수는 있을 것 같았다. 그렇게 투자에 대한 확신을 갖기 시작했다.

투자는 즐기면서
오래 할 수 있어야 한다

내가 빌라 투자를 지속할 수 있는 이유는 겁도 많고 걱정도 많은 성격 때문이다. 처음에 배웠던 아파트, 오피스텔, 상가 투자는 비용과 리스크 측면에서 내가 감당하기엔 버거워 보였다. 물론 다른 사람들은 그렇게 생각하지 않을 수 있다. 하지만 모든 사람이 똑같은 투자를 할 수는 없다. 나는 돈이 많지 않았고 실패를 하더라도 감당할 수 있는 정도로 시작하고 싶었다.

빌라가 더 위험한 거 아니냐고? 모르는 사람이 많은데, 빌라는 욕심만 부리지 않으면 정말 안정적이고 재미있는 투자 대상이다. 내가 누구보다 겁이 많은 사람이라는 걸 알아줬으면 한다. 투자를 시작하기 전에 스스로를 한번 돌아보는 것도 좋다. 내가 잘하는 것은 저축이고, 내게 잘 맞는 것은 작은 빌라를 사서 월세를 받는 투자 방식이다. 나의 속도에 맞게 천천히, 그리고 꾸준히 나아가면 되는 것이다.

내가 이렇게 ==꾸준하게 투자할 수 있었던 이유==는 두 가지다. ==첫째, 내 주변에 동료 투자자들이 있기 때문이다.== 혼자 투자를 하다 보면 고난과 역경이 찾아올 때마다 한계를 느낄 수 있고, 문제 해결에 오랜 시간이 걸릴 수 있다. 이때 동료가 있다면 많은 정보를 공유할 수 있다. 물론 혼자서 해결하는 과정도 나름 값진 경험이 될 수 있지만, 시야가 한정적이기 때문에 길을 찾는 방법이 제한적이다. 동료는 언제나 큰 도움이 된다는 것을 확신한다.

어느 날 관리하던 빌라에 싱크대 역류가 발생하여 연락을 받은 적이 있다. 수리 기사님을 불러 해결하기 전에 동료에게 "싱크대 밑 하수관이 역류해서 수리하려고 하는데 혹시 좋은 팁 있나요?" 하고 메시지를 보냈다.

동료에게 이렇게 답이 왔다. "우선 수리 기사님 알아볼 때 출장비가 얼마인지 물어보고, A/S는 언제까지 가능한지도 물어보세요. 해결을 못 했는데 출장비만 날리는 경우가 있어요. 그리고 보통 그런 문제는 스프링으로 뚫으면 해결될 거 같은데 그래도 안 되면 고압 세척을 할 거예요. 우선 스프링으로 해보고 이후 문제는 그때 같이 이야기해봐요. 아! 그리고 하수관 막히는 건 공용 하수관을 같이 쓰는 세대랑 같이 분담할 수 있으니까 그것도 알아보고 비용을 나눠서 내자고 이웃집에 말해야 해요. 제가 잘하는 수리 기사님 알고 있는데 인천까지

가는지는 모르겠네요. 이분께도 한번 물어보세요."

나는 동료 덕분에 경험해보지 않고서는 알 수 없는 팁들을 쉽게 얻을 수 있었다. 아마 그 동료는 손해를 보며 스스로 얻은 노하우일 것이다. 이처럼 내가 경험하지 못했던 일들을 동료들을 통해 간접적으로 체험할 수 있다.

둘째, 나만의 투자 과정을 즐긴다. 지도를 체크하고, 집을 보러 다니고, 수익률을 계산하는 과정들이 즐겁다. 혼자만의 시간을 가질 수 있는 시간이기도 하다. 현장에 가서 집을 둘러보고, 예쁜 카페에 들러 정리를 하고, 산책하며 근처에 맛있는 가게가 있나 찾아본 다음 밥을 먹는다. 혼자 걸으면서 이런저런 생각도 많이 하는 편이다. 이러한 순간순간이 즐겁고 행복하다.

여러분도 자신의 성향과 맞는 투자 그리고 즐길 수 있는 투자 방식을 찾길 바란다. 그래야 오래 뛸 수 있다. 속도는 중요하지 않다. 자신의 속도를 유지하며 천천히, 그러나 꾸준히 계속해야 한다.

35세 이전에 은퇴하고 싶다

나는 35세 이전에 은퇴하겠다는 말을 마음속에 품고, 친구들을 만날 때마다 이야기하곤 했다. 그 말을 좋게 받아들이는 친구는 없었고, 그동안 봐온 어른들의 삶과 현실적인 이야기들을 내게 해줬다. 나는 친구들을 이해한다. 나 역시도 매일 같은 사람들을 만나고, 같은 길을 걷고, 같은 감정들을 경험하면서 그것 아닌 다른 인생은 생각조차 하지 못했으니까.

하지만 나는 경험해보지 못한 인생을 책으로 알아갔고, 다른 세상에 있는 사람을 만나면서 다른 인생을 기대하기 시작했다. 35세 이전에 은퇴를 원했던 것은 복권에 당첨되고 싶다는 말처럼 뜬구름 잡는 말이 아니었다. 나에게는 계획이 있었고, 충분히 가능한 일이었다. 친구들의 반응 덕분에 반드시 목표를 이루겠다는 오기가 생기기도 했다. 꼭 성공해서 친구들에게 전하고 싶은 말이 있었다. "절대로 한계를 스스로 만들지 말고, 먼저 가능성을 찾아봐. 알지 못했던 세상이 존재하고 있을 거야."라고 말이다.

은퇴를 하고 놀고먹겠다는 게 아니다. 내가 좋아하고, 하고 싶은 일을 시작하기 위해 '중간 은퇴'를 하는 것이다. 그리고 소중한 사람들과도 많은 시간을 보낼 것이다. 나는 이렇게 구체적이고 생생한 목표를 그렸고 결과적으로 놀라운 일이 일어났다. 다들 말도 안 된다고 생각했겠지만, 서른 살이 되던 해에 나는 중간 은퇴를 했다.

03 내성적인 건물주의 탄생

내성적인 사람도 경매를 할 수 있을까

내성적인 내가 어렸을 땐 내성적이다 못해 소심하기까지 했다. 누나가 중국집에 주문하라고 시키면 전화를 걸기 전에 무슨 말을 해야 할지 한참 동안 고민할 정도였다. 심지어 식당에서는 종업원을 부르지도 못했다. 나이가 들어도 비슷했다. 대학생 때는 생활비를 벌기 위해 아르바이트 면접을 보러 가면 문 앞에서 30분 이상을 서성거리곤 했다. 왜 그렇게 걱정되고 떨렸는지 모르겠다. 헌팅을 하면서 노는 친구들을 보면 낯선 사람에게 어떻게 저렇게 쉽게 말을 거는 건지 정말 신기했다. 나는 이런 내성적인 성격이 마음에 들지 않았고 콤플렉스였다. 사람들과 어울릴 땐 자신감 있는 척하며 노력했지만 나에게는 너무 어려운 일이었다.

이런 내가 부자를 꿈꾸며 부동산 경매를 배우기 시작했다. 하지만 나는 부동산 경매가 두려웠다. 여러 사람들과 마주해야 하는 껄끄러운 일이 생길 것 같았고, 대범하고 강한 사람들이나 하는 일이라고 생각했다. 그리고 심지어 나는 나이도 어렸다.

부동산 경매를 하다 보면 공인중개사와의 대화가 필요할 때도 있고, 현장 조사를 가서 문을 두드려보거나 동네 사람들과 이야기를 나눠야 할 때도 있다. 낙찰을 받으면 명도를 하기 위해 원래 그곳에 살던 사람을 내보내야 할 수도 있고, 집을 수리할 때는 수리 기사님과 의견을 주고받아야 한다. 수리가 완료되면 집을 내놓고 새로운 임차인과 계약을 하러 가야 한다.

나는 처음에 이런 일들을 해야 된다는 것에 막연한 두려움을 느꼈다. 해본 적도 없을뿐더러 사람을 상대하는 것은 웬만하면 피하고 싶었기 때문이다. 또 마주해야 할 사람들이 대부분 나보다 나이가 많기 때문에 더욱 꺼려졌다. 그래서 경매를 실제로 하고 있는 사람들을 보면 너무 신기했다. 다들 정말 용기 있는 사람들처럼 보였다. 내가 경매 투자를 할 수 있을지 의심하기 시작했고, 안정적인 직장 생활을 생각하며 합리화하기 시작했다. 자칫 잘못하면 뭘 해야 할지 고민만 하다가 길을 잃을 수도 있었다.

자신감과 실행력을
높이는 방법

경매가 나와 맞지 않을 것 같다는 생각을 하던 중 친구의 권유로 교육을 들으러 갔다. 그리고 그곳에서 나를 변화시킨 동료들을 만났다. 신기했던 건 나도 겁쟁이였지만 동료들도 다 겁쟁이였다는 사실이다. 다들 하나같이 걱정도 많고 내성적인 사람들이었다. 물론 외향적이고 용감한 분들도 많겠지만, 내가 만난 분들은 나와 비슷하기도 하고 배울 점이 많은 분들이었다.

강인해 보이는 캐릭터는 없었다. 다들 배려심 깊고 세심한 사람들이었다. 약간의 겁도 있고, 걱정도 많은 사람들이었다. 그 안에서 안도감을 느끼며 나도 부동산 경매 투자를 할 수 있을 거라는 알 수 없는 자신감이 생겼다. 그렇게 나는 동료들과 같이 이야기를 나누며 행복한 미래를 그리기 시작했다.

시간이 있을 때마다 책을 읽으며 나에게 가장 필요한 '자신감'과 '실행력'을 높일 수 있는 가장 효과적인 방법 두 가지를 깨달았다. ==첫째, 목표를 구체적이고 생동감 있게 종이에 적어 잘 보이는 곳에 붙인다.== 왜 목표와 꿈을 종이에 적어 붙일까? 단순히 계속 떠오르도록 하기 위해서일까? 사람은 해야 할 일을 완료했을 때, 목표를 이뤘을 때, 무언가를 먹을 때, 무언가를 향해 나아갈 때 도파민이 분비된다. 도파민이 분비되면 행복함을 느끼고 목표를 향해 더 정진할 수 있게 된다. 인간은 시각적으로 발달한 동물이기 때문에 목표를 눈으로 보게 되면 더욱 강력한 도파민이 분비된다. 특히 구체적이고 묘사가 잘 된 목표는 머릿속에서 자연스럽게 상상하게 되고 실제로 경험하고 있는 것처럼 느껴진다. 즉, 목표는 볼 수 있어야 하고 상상이 되어야 한다.

==둘째, 아주 작은 목표를 세운다.== 만만하게 보이는 목표를 잡으면 해볼 만하다는 생각이 들기 때문에 실행력이 높아진다. 산을 올라갈 때도 정상을 생각하기보다 가까운 쉼터를 보고 가는 게 더 효과적이다. 아무리 작은 목표라도 성취하게 되면 마찬가지로 도파민이 분비되기 때문에 더 큰 목표를 이룰 수 있을 거라는 자신감도 덤으로 생긴다. 예를 들어 만약 다리 한쪽이 움직이지 않는 상태라면, 나는 발가락부터 움직이려고 집중할 것이다. 그리고 발가락이 움직이면 발목을 움직이기 위해 집중할 것이고, 그다음 무릎을 움직일 것이다. 즉, 목표를 잘게 쪼개서 오늘 할 수 있는 단 하나의 목표에 집중하면 된다.

내성적인 사람도
가능한 방법

작은 목표를 하나하나 이루다 보니 어느새 집주인이 되어 있었다. 경험했던 일들을 되짚어보니 사람을 상대하는 게 생각보다 어렵지 않다는 것을 알았다. 특별히 대단한 게 없었다. 그리고 굳이 사람을 만나지 않고서도 할 수 있는 노하우를 알게 되었고, 점점 나에게 맞는 방법을 찾아갔다.

나에게 맞는 방법을 찾은 이후부터는 공인중개사들을 직접 만나는 일이 없다. 전화도 거의 하지 않고 가능하면 문자로 해결하는 편이다. 현장 조사를 할 때도 문을 두드려보지 않으며, 명도를 할 때도 집에 방문하지 않는다. 물론 필요에 따라 만남이 생기기도 하지만, 효율적이고 에너지 소모가 적은 나만의 방법을 찾았다. 부동산 경매에 필요한 노동과 시간을 최소화한다면, 직장을 다니면서도 꾸준히 병행할 수 있기 때문이다. 어떤 분야든 오래 지속하고 싶다면 들어가는 에너지를 효율적으로 관리하면 된다.

내성적인 사람들은 오히려 강하다. 판을 짜고 전략을 세우는 일에 능하다. 예민한 감각을 가지고 있어 나중에 생길 문제를 미연에 방지한다. 또 꼼꼼하게 관리하고 운영을 잘한다. 부동산 경매를 경험해보니 기록과 운영을 잘해야 한다는 걸 알게 되었다. 그렇지 않으면 예상치 못한 문제가 생기고 틈새로 돈이 새어 나간다. 섬세하지 못한 사람들은 관리 측면에서 빈틈이 많고 운영이 제대로 이루어지지 않을 수도 있다.

하지만 당신이 섬세하지 않더라도 괜찮다. 대신 기록하는 습관을 만들면 된다. 자신이 선택한 길로 가다 보면 기대했던 것과 다른 현실을 만날 때도 있지만, 생각지도 못했던 어떤 것을 얻게 되면서 성장할 것이다. 이런 소중한 경험을 잊지 않기 위해 기록해두는 습관은 누구에게나 중요하다.

나는 이제 콤플렉스였던 내성적인 성향을 좋아한다. 주변 환경이나 개인에 따라 다를 수 있지만 대체로 내성적인 사람은 신중하다.

'이 일을 하는 것이 맞을까?' 하며 신중하게 접근해 실패 확률을 줄일 수 있다. 전설적인 투자자 워런 버핏은 이런 말을 했다.

"성공하는 투자를 위해 가장 필요한 건 지능 지수가 아닌 자제력이다."

스티브 잡스, 빌 게이츠, 워런 버핏, 에디슨 등 성공한 많은 인물들이 내성적인 성향을 강점으로 활용했다. 당신도 나와 비슷하다면 내성적인 것이 당신의 강점이라는 것을 알았으면 한다. 그리고 그것을 인생에 잘 활용했으면 좋겠다. 부동산 경매에 적용하면 더 좋다.

'크랩 바구니'
이론

**하던 일이나
열심히 해**

나는 직장을 다니면서 부동산 경매 투자를 했고 유튜브를 시작했다. 유튜브를 시작하기로 결심하고 가족과 친구들에게 이렇게 말했다. "나 유튜브 시작할 거야!" 이 말을 들은 대부분의 사람들은 이렇게 답했다. "하던 일이나 열심히 해.", "그거 이미 레드오션이야. 거기서 어떻게 살아남냐?", "야 그거 해서 얼마나 번다고.", "뭘 그렇게 열심히 사냐. 어차피 그걸로 돈 벌기 힘들대."

휴학을 결정했을 때도 부동산 경매 투자를 하기로 했을 때도 비슷한 답변만 들려왔다. 어찌 보면 당연한 결과였다. 경험이 없는 사람들에게 말했기 때문이다.

내가 알고 지내는 형이 있다. 그 형은 자기 계발, 사업에 관심이 많고 부자가 되고 싶은 목표가 있었다. 그런데 어느 날, 형에게서 연락이 왔다. 친구들과 술 마시는 자리에서 이런 말을 꺼내면 술자리에서 그런 얘기 좀 하지 말라고 한다며 나에게 하소연했다. 이야기를 자세히 들어보니 친구들은 형의 이야기를 듣지 않는 것은 물론이고, 심지어 형의 목표와 꿈을 비난하며 끌어내리려고 했다.

나는 이를 '크랩 바구니' 이론이라고 말한다. 바구니에 게들을 넣어두면 게 한 마리가 도망가기 위해 발버둥을 치며 바구니 밖으로 나오려고 한다. 이때 밑에 있는 다른 게들이 그 게가 밖으로 나가지 못하게 끌어내린다. 무언가를 도전하거나 실행할 때 가장 방해되는 것은 단언컨대 주변 사람들이다. 부정적인 말을 하게 되는 것은 인간의 본능이다. 인간은 자신이 선택한 일이 정당하고 옳은 일이라고 어떻게든 합리화를 하려 한다. 그런데 나와 다른 선택을 한 사람을 인정해 버리면, 자신이 하고 있는 일을 부정하는 것과도 같다. 그래서 바구니 속 게처럼 다른 사람을 끌어내리는 것이다.

내가 지금까지 겪어본 바로, 어차피 잘 안 될 거라고 말하는 사람들 중에 그 일을 실제로 겪어본 사람은 매우 드물었다. 시도도 안 해본 사람이 대부분이라는 뜻이다. 우리는 이 사실을 주의하고 경계해야 한다. 물론 그중 '내가 해봤는데 어떻다더라' 하고 말하는 사람도 있을 수 있다. 그런데 아마 한두 번 해보고 포기했거나, 문제를 해결해보려고 노력하지 않았던 사람일 가능성이 크다. 성공한 사람들은 문제가 발생했을 때 포기하지 않고 해결하려고 한다. 레드오션이라 할지라도, 시장이 아무리 힘들다 하더라도 계속해서 방법을 찾으려고 한다.

나는 크게 성공한 사람은 아니지만 이런저런 경험을 많이 해봤다. 해외 직구 대행, 스마트스토어, 교육 사업, 유튜브, 부동산 경매 투자, 임대업 등을 하며 크고 작은 문제를 많이 겪었다. 어려움이 생겼을 때 해결 방법이 없는 것처럼 보일 때도 많았다. 하지만 단 한 번도 해결하지 못한 적은 없다. 방법을 찾다 보면 결국에는 해결 방법이 보였다. 방법을 찾지 않으면 핑계만 보일 뿐이다. 생각해보면 우리는 실패한 사람들의 말을 더 많이 들을 수밖에 없다. 성공한 사람의 숫자가 실패한 사람의 숫자보다 상대적으로 훨씬 적기 때문이다.

내가 어린 나이에 부동산 경매를 공부한다고 했을 때, 빌라에 투자한다고 했을 때, 긍정적인 대답을 해준 사람은 단 한 사람뿐이었다. 만약 그때 내가 경매 투자를 하고 있는 친구에게 조언을 구하지 않았다면, 나도 부정적인 말에 휘둘려 공부를 해보기도 전에 포기했을지도 모른다.

우리는 실질적인 조언을 얻기 위해 해당 분야를 경험해본 사람,

문제를 해결해본 사람을 찾아야 한다. 그리고 그 사람의 이야기를 듣고 직접 알아본 다음 판단해도 늦지 않다. 스스로 경험을 해봐야 이게 나와 맞는 일인지를 알 수 있는 것이다.

나는 이런 이유로 가족에게도 쉽게 조언을 구하지 않는 편이다. 내가 직접 멘토를 알아본 후 공부하고 스스로 판단한다. 이 과정에서는 절대 돈과 시간을 아끼지 않는다. 공부해보고 나와 맞지 않다고 생각해 포기한 적도 많지만 전혀 아깝지 않은 투자라 확신한다. 나와 맞지 않은 것들을 하나하나 제거하는 것도 인생 스토리를 그려나가는 과정 중 일부이기 때문이다. 내가 좋아하는 음식인지, 싫어하는 음식인지 알기 위해서는 일단 음식을 먹어봐야 한다.

나는 경험해보지도 않은 사람들의 말을 듣고 결정하기보다 경험해본 사람의 말을 듣는 것이 현명하다고 생각한다. 물론 경험자의 말도 무조건 믿을 순 없다. 그에게만 존재하는 행운일 수도 있기 때문이다. 하지만 경험자의 말을 들어보고 옳고 그름을 결정해야 한다는 것에는 한 치의 의심도 없다.

어느 사업가가 내게 이런 말을 해줬다.

"부자는 살면서 오는 기회를 잡을 줄 알고, 가난한 사람은 기회가 찾아온지도 모른다."

배경지식이 없다면 제대로 된 분석을 할 수도 없고 올바른 판단도 내리지 못한다. 아무런 재료가 없으면 어떻게 요리를 해야 할지 고민조차 할 수 없는 것과 마찬가지다. 오히려 해보지도 않은 사람들의 말을 듣고 겁먹는 것을 두려워해야 한다. 운이 좋아서 좋은 정보를 듣는다 해도 의식하고 있지 않으면 그것이 좋은 기회인지도 모르고 놓칠 수 있다.

우리는 매일 같은 일을 하고, 같은 길을 걷고, 같은 사람들을 만난다. 이쯤에서 진지하게 생각해볼 필요가 있다. '과연 계속 이렇게 똑같은 삶을 살면, 내 인생에 변화가 있을까?'

환경이라는
시스템 세팅하기

나는 앞서 말한 크랩 바구니 이론에 근거하여 '환경'을 중요하게 생각한다. 성공은 전염성이 강하다. 그런데 문제는 패배주의도 전염성이 강하다는 사실이다. 환경 세팅은 사람들로만 제한하지 않는다. 나는 내가 공부하고 싶은 분야와 관련된 책을 침대 옆, 컴퓨터 앞, 책상 위에 두고 성공한 사람들을 가까이한다. 또한 유튜브 채널을 통해 본받고 싶은 멘토들이 자주 눈에 보이도록 해둔다.

이렇게 내가 속해 있는 환경을 하나하나 만들어간다. 처음에는 적응이 안 되어 힘들었지만, 일주일만 지속해보니 엄청난 변화가 생졌다. 과거에는 부동산 관련 문제가 생겼을 때 '부동산은 이제 망했다', '경매도 이제 끝났네' 같은 말만 들려왔고 나 또한 그렇게 생각했다. 하지만 성공한 사람들을 주위에 두니 '그럼 이렇게 접근해보는 건 어떨까?'라며 지금 당장 내가 할 수 있는 일을 찾게 되었다. 배움을 추구하는 사람들과 함께하니 나도 그런 사람이 되고 있었다.

물론 내 말이 항상 정답도 아니고, 굳이 이렇게 살 필요도 없다. 하지만 다른 사람들보다 빠르게 성장하고 싶다면 이런 방법도 있다는 것을 알고 있어야 한다. 수백 권의 책을 읽고, 수십 명의 멘토들을 만나며 얻게 된 깨달음이다. 그저 당신보다 조금 앞서 걸은 사람으로서 이런 깨달음을 전해주고 싶었다. 한 번 사는 인생, 하루하루 설레며 살고 싶다면 이 책에서 앞으로 펼쳐질 이야기를 통해 새로운 배움을 만들어나가보자.

Chapter 2

당신도 건물주가 될 수 있다!

01
투자를 시작하기 전 알아야 할 것

도움이 안 되는 경험은 없다

내가 처음으로 돈을 번 것은 고등학생 때였다. 용돈을 넉넉하게 받을 수 없었던 상황이었기에 삼겹살 가게에서 서빙 일을 했다. 10년도 넘은 기억이지만 가게 이름, 사장님, 직원분들 그리고 몇몇 손님까지 생생하게 기억한다. 그 이후로도 계속 아르바이트를 했다. 술집, 치킨집, DVD방, 뷔페, 배달 등등. 대학생 때는 장학금을 받는 게 이득이라 생각해서 고정 아르바이트는 하지 않고 그날그날 일당을 받을 수 있는 인력 사무소에서 일을 했다. 내가 원할 때 일할 수 있으니까 학교 생활도 할 수 있고, 시험 기간에도 일정을 조절할 수 있어 좋았다. 현장 일은 경험해본 아르바이트 중 가장 힘든 일이었지만 아직도 손에 꼽는 추억으로 남아 있다.

물리치료사로 일하기 시작한 뒤로는 나의 가치를 올리기 위해 많은 노력을 했다. 재테크를 공부하기 전에 스스로의 몸값을 올리는 게 우선이라고 생각한다. 일이 끝나면 항상 11시까지 병원에 남아 공부를 하고 치료 연습을 했다. 특별한 일이 있지 않고서는 10개월 동안 이렇게 지냈다. 그 덕인지 건물을 청소해주시는 분들을 포함한 모든 직원분들이 나를 좋게 봐준 것 같다. 그러다 운 좋게 좋은 조건의 자리가 생겼고 그곳에서 일하게 되었다. 연봉은 여러분들이 상상하는 그 이상으로 올랐다.

나에게는 살면서 해온 모든 일들이 무기가 되었다. 심지어 기억하기 싫은 일들에서도 말이다. 부동산 경매 투자를 할 때도, 사람들 앞에서 강의를 할 때도 그 안에 그동안의 경험들이 다 녹아들어 있다. 다양한 경험은 결코 해가 되지 않는다.

부업과 투잡을 포기했다

물리치료사로 일하며 본업이 어느 정도 익숙해질 때쯤, 퇴근 후의 시간을 부업과 투잡을 하는 데 집중했다. 그때 나의 머릿속은 온통 '돈, 돈, 돈'으로 가득 차 있었다. 고양이를 좋아하던 나는 고양이 숨숨집(고양이가 숨어서 노는 집 모양의 장난감)을 중국에서 사입해 스마트스토어를 통해 판매도 해보고, 해외 유통업, 신입 물리치료사를 가르치는 일도 했다.

스마트스토어는 유튜버 신사임당의 영상을 보고 시작했다. 쇼핑몰 사업의 결과는 좋지 않았지만, 모든 과정을 스스로 경험해보면서 많이 배울 수 있었다. 해외 유통업은 흔히 말하는 해외 직구를 대신해주는 것이었는데, CS 관리가 유독 힘들었다. 그래도 한 달에 50만~100만 원은 벌었다. 교육 사업은 주말에 시간을 내어 했는데, 하루 6시간씩 물리치료 실무를 가르쳤고 6일 일하면 100만 원 정도의 수입이 있었다.

이렇게 살다가 문득, 돈을 아무리 많이 벌어도 나의 노동 시간을 많이 투입해야 된다면 아무 의미가 없다는 생각이 들었다. ==돈이 많아도 내 시간이 없으면 아무런 의미가 없었다.== 가족을 위해 돈을 벌기로 했던 나는 가족과 시간을 보내기도 힘든 삶을 살고 있었다. 돈도 돈이지만 시간도 같이 벌 수 있는 무언가를 찾아야 했다. ==즉, 최소한의 노동으로 돈을 벌 수 있어야 하고, 돈이 돈을 버는 시스템을 만들어야 했다.== 이러한 시스템이 곧 진정한 '경제적 자유'로 갈 수 있는 길이라고 생각했다. 결국 내가 하고 싶은 일에 집중할 수 있는 환경을 만들어야 했다.

일하면서 부동산을 모았다

내가 진정한 경제적 자유를 얻기 위해 왜 '부동산'을 선택했는지에 대해 이야기해보려고 한다. 이해를 돕기 위해 예를 하나 들어보겠다. A씨는 회사를 다니며 소액 빌라 2채를 보유하고 있고, 월세를 받고 있는 '임대 수익 생활자'다. 빌라를 임대하면서 한 달에 1시간 정도 일을 하며, 순익 60만 원을 벌고 있다. 시급으로 따지면 60만 원이다. B씨는 회사에서 월급을 받고 있는 '봉급 생활자'다. 야근 시간을 포함해서 한 달 180시간을 일하며 200만 원을 벌고 있고 시급으로 계산하면 11,000원이다. 누가 봐도 두 사람의 시급 차이는 꽤 크다.

 A씨와 B씨 두 사람의 특징을 더 자세하게 알아보겠다. A씨는 회사를 다니면서 임대 수익을 위해 작은 부동산을 모으고 있다. 그런데 만약 A씨가 회사를 못 다니게 되는 상황이 온다면 어떻게 될까? 월급을 받지 못하는 상황이 되더라도 가지고 있는 부동산에서 나오는 임대 수익이 조금이나마 도움을 줄 것이다. 임대 수익을 조금씩 불려 가다 보면 월 100만 원이든 월 200만 원이든 본인이 만족하는 기준에 도달하게 될 것이다. 그때는 회사를 나와서 본인이 하고 싶은 일을 할 수도 있다.

 B씨는 회사를 다니면서 받는 월급으로 생활하고 있다. 열심히 일해서 더 좋은 집으로 이사 가고 싶고, 더 좋은 자동차를 사고 싶지만 그의 월 소득으로는 턱없이 부족하다. 그래서 그는 대출을 통해 집과

자동차를 사느라 부채가 생겼다. 기존 생활비에 추가로 늘어난 대출 때문에 회사를 더욱더 그만둘 수 없는 상황에 놓였다. 일을 그만두는 순간 모든 수입이 끊기게 되고, 그렇게 되면 고정 지출을 감당할 수 없다. 회사에서 받는 월급이 소득의 전부이기 때문이다.

이렇게 A씨와 B씨는 전혀 다른 방향으로 가고 있다. A씨는 일정한 수익을 만들어주는 자산을 모으며 살고 있고, B씨는 지출을 만들어내는 부채를 모으고 있다. 누가 옳고 누가 그르다는 말을 하려는 게 아니다. 본인이 후회하지 않는 선택을 하면 되는 것이다.

나는 A씨처럼 살기 위해, 경제적 자유를 얻기 위해 꾸준히 노력하고 있다. 그렇다면 그 방법이 왜 '임대 수익'이어야 하는 걸까? 우선 회사를 그만두고 싶은 이유가 가장 컸다. 그런데 회사를 그만둬버리면 당장 수입이 사라지게 된다. 소심한 나는 리스크를 감당할 용기가 없었기에 안전 장치를 만들어두고 회사를 그만두기로 결심했다. 회사를 그만두고 그냥 놀고먹겠다는 게 아니라, 돈 걱정 없이 내가 하고 싶은 일을 할 수 있는 상태를 만들기로 한 것이다.

내가 하고 싶은 일은 예쁜 카페에서 글을 쓰고, 나만의 유튜브 채널을 만드는 것이었다. 그리고 일하고 싶을 때 일하고, 쉬고 싶을 때 쉬는 삶이었다. 하지만 이러한 일들에서 처음부터 수입이 발생할 확률은 지극히 낮다. 그렇기 때문에 다른 수입을 만들어두고, 걱정 없이 내 일에 몰입하고 싶었다.

로버트 기요사키가 『부자 아빠 가난한 아빠』에서 말하길, 자산은 나의 주머니에 돈을 넣어주는 것이라고 했다. 여기서 말하는 '자산'은 '내가 일을 하지 않아도 돈을 벌 수 있는 시스템'을 말한다. 자산에는 사업 시스템, 저작권, 부동산 등 다양한 것이 포함된다. 나는 특출난 재능이 있지도, 사업 시스템을 만들 정도의 똑똑한 머리도 없었기 때문에 내가 할 수 있는 부동산을 선택했다. 그리고 운 좋게도 스물여덟이라는 나이에 부동산을 통해 한 달에 100만 원을 벌게 되었다.

부동산은 지속성, 가속성, 수익성을 갖고 있다

나는 경제적 자유로 가기 위한 수단으로 '부동산'을 선택했다. 부동산을 선택하게 된 이유는 세 가지가 있다. 지속성, 가속성 그리고 수익성 때문이다.

첫째, 지속성을 가지고 있다. 부동산은 세월이 지나도 투자를 지속할 수 있다. 나이가 들어도 계속 투자를 할 수 있다는 말이다. 투자를 잘 하고 있다가 갑자기 투자 대상이 사라지면 어떨까? 부동산은 그럴 일이 없다. 토지와 건물은 예전이나 지금이나 사람들이 필요로 하고, 존재하고 있다. 지구가 멸망하지 않는 이상 토지와 건물은 사라지지 않을 것이다. 그래서 부동산은 지속성을 가진다.

둘째, 가속성을 가지고 있다. 부동산은 경험이 쌓일수록 조사 속도가 빨라진다. 내가 처음 부동산 경매를 시작했을 땐 조사 시간이 무척 오래 걸렸다. 그런데 지금은 어느 지역, 어느 동네, 어느 부동산 정도만 듣고도 '여기는 월세가 어느 정도 될 거야', '저기는 확실히 수요가 있는 동네라서 공실 걱정이 없겠는데' 하는 데이터들이 머릿속에 있기 때문에 조사 속도가 점점 빨라진다. 심지어 실수했던 것들도 경험이 되어 다음에는 똑같은 실수를 하지 않게 된다. 그래서 경매 승률도 점점 더 올라가게 된다. 그런 의미에서 부동산은 가속성을 가지고 있다.

셋째, 수익성을 가지고 있다. 지속성과 가속성이 아무리 좋아도 수익성이 낮으면 아무 의미가 없다. 수익성이 좋다는 것은 적은 투자금과 시간을 이용해 높은 수익률을 올릴 수 있다는 뜻이다. 그렇다면 어떻게 투자금을 최소화할 수 있을까? 부동산은 다른 사람의 돈을 빌려서 투자할 수 있다는 장점이 있다. 은행에서 돈을 빌려 투자금을 확보함으로써 자기자본은 최소화해 수익성 높은 투자를 할 수 있다.

부동산은 현장 조사도 하고 공인중개사 사무소를 돌아다니며 정보를 얻어야 하는데, 그러려면 시간이 너무 많이 필요하진 않을까? 나도 예전에는 그렇게 알고 있었지만, 그렇지 않다. 내가 쓰는 방법은 간단하다. 본업을 같이 하면서 중간중간 점심시간이나 쉬는 시간에 인터넷으로 조사를 하거나 퇴근하고 집에서 조사를 했다. 전체 조사 과정 중 80% 이상을 인터넷으로 끝내기 때문에 적은 시간으로도 충분히 가능하다.

나는 지속성, 가속성, 수익성 이 세 가지 측면에서 부동산이 적합한 투자라고 생각했다. 여러분 또한 마땅한 투자 대상을 찾고 있다면,

이 세 가지를 고려해서 고르길 바란다. 한 번만 하고 그만둘 생각이 아니라면 말이다.

02
당신이 몰랐던 경매의 비밀

모르면 손해 보는 부동산 경매

'나는 경매 투자 안 할 거니까 부동산 경매에 대해 몰라도 돼.'라고 생각하고 있다면 큰 오산이다. 투자자가 아니더라도 부동산 경매를 알아둔다면 혹시 모를 손해를 예방할 수 있다. 예를 들어 내가 임차인으로 살고 있는 집이 경매로 넘어갔다고 생각해보자. 만약 내가 부동산 경매 시스템을 모르고 있다면 보증금을 돌려받지 못하는 경우가 생길 수도 있다. 하지만 이 책을 끝까지 읽는다면 이런 손해는 피할 수

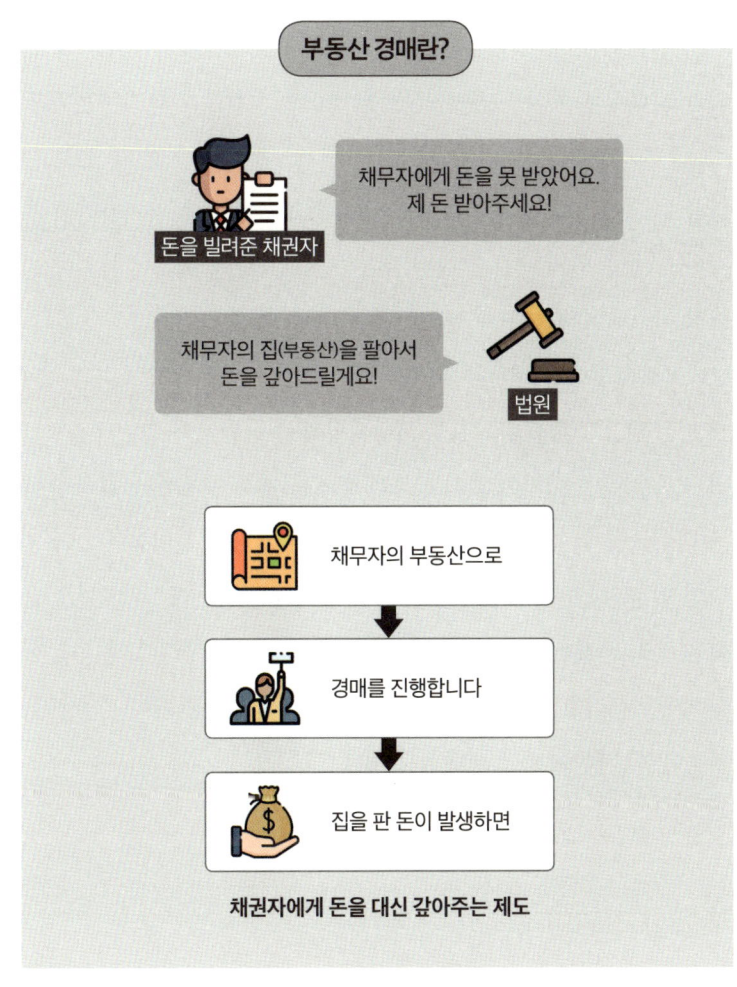

있으니 걱정하지 않아도 된다.

자, 이제 부동산 경매에 대해 말해보겠다. 부동산 경매는 담보권 실행을 위해 채무자 소유의 부동산을 압류하고 국가 기관인 대법원에서 이를 매각하는 것을 말한다. 풀어서 설명하면 빚을 해결하지 못하는 사람의 부동산을 팔아 그 돈을 빌려준 사람에게 돌려주는 것인데, 이 과정을 법원에서 대신 진행해준다는 뜻이다. 돈을 못 갚은 사람을 대신해서 다른 사람이 돈을 갚아주고, 부동산을 가져간다고 생각하면 쉽다. 연체된 돈을 대신 갚아주는 제도이기 때문에 사회에 필요한 시스템이라고 볼 수 있다.

이해를 돕기 위해 예시를 하나 들어보겠다. ○○빌라 소유자 A씨가 돈이 필요해서 집을 담보로 은행에서 대출을 받았다. 그런데 A씨가 빌린 돈을 갚을 여력이 없어 원금과 이자를 계속 연체했고, 결국 은행은 대출금을 회수하기 위해서 이 집에 대해 경매를 신청한다. 그렇게 되면 법원은 경매를 진행하고, 제3자가 낙찰을 받는다. 가장 높은 금액을 불러 낙찰받은 사람은 자신이 제시한 돈을 납부해야 하는데, 이를 낙찰금이라고 한다. 법원은 제3자에게서 낙찰금을 받아 은행에 돌려준다. 이 과정이 바로 부동산 경매다.

부동산 경매의
장점

여러 부동산 투자 방법 중에서도 경매를 선택한 이유는 세 가지다. **첫째, 부동산을 시세보다 저렴하게 살 수 있다.** 부동산 경매는 참여자가 없을 때 가격이 떨어지는 시스템이기 때문에 이러한 점을 잘 이용하

면 시세보다 훨씬 저렴하게 부동산을 살 수 있는 기회가 있다. 위 이미지에서 2019년 12월 9일, 1억 원에 경매가 시작되고 나서 아무도 경매에 참여하지 않아 가격이 떨어진 것을 볼 수 있다. 그 후로 또 아무도 참여하지 않아 가격이 떨어졌고, 2020년 4월에는 6,400만 원에 경매가 다시 진행되었다. 이때 사람들은 '옳다구나! 이제 시세보다 저렴해졌네!'라고 생각했을 것이다. 그래서 3명이 입찰을 했고 7,388만 원을 쓴 사람이 낙찰되었다.

이처럼 경매에 아무도 참여하지 않을 경우 일정 금액이 떨어지고 한 달 후쯤 경매가 다시 진행된다. 다시 진행된 경매에 아무도 참여하지 않으면, 또 일정 금액이 떨어지고 한 달 후에 경매가 다시 진행된다. 부동산 경매의 이러한 특징을 잘 이용하면 시세보다 부동산을 싸게 살 수 있다.

==둘째, 대출을 더 잘 받을 수 있다.== 일반 대출은 시중의 평균적인 시세를 기준으로 대출이 나오지만, 경매는 일반적인 시세가 아닌 '감정가'라는 새로운 기준으로 정해진다. 이 감정가를 기준으로 대출이 나오기 때문에 일반 대출보다 더 큰 금액을 대출받을 수 있다. 감정가는 감정평가사가 매긴 해당 부동산의 타당한 가격을 뜻한다. 1차 경매는 감정가를 기준으로 진행되며, 참여자가 없을 때마다 일정 금액이 떨어지면서 2차, 3차, 4차로 계속 진행된다. 이처럼 감정가보다 가격이 많이 떨어진 부동산을 사게 되면 대출이 70~90%까지 나오기도 한다.

==셋째, 회사 일과 병행이 가능하다.== 나는 본업이 따로 있었기 때문에 회사를 다니면서 투자를 같이 병행할 수 있어야 했다. 부동산 경매는 평일에 인터넷으로도 충분히 조사할 수 있었고, 주말에 한 번 정도 현장에 가보는 걸로 조사가 끝났다. 그렇기 때문에 회사를 다니면서도 일에 방해받지 않고 충분히 병행할 수 있는 일이었다. 나의 동료들 모두가 회사를 다니면서 부동산을 모으고 있으니, 여러분도 충분히 가능하다.

소액으로 살 수 있는 부동산이 있다

지역이나 주거 형태에 따라 다르지만 500만~1,500만 원으로도 투자할 수 있는 부동산이 있다. 기존에 가지고 있던 생각만 바꾼다면 누구나 할 수 있다. '부동산 투자는 몇천만 원, 몇억 원의 종잣돈이 필요하지 않나?'라는 생각 말이다. 전혀 아니다.

실제 낙찰 사례들을 한번 살펴보자.

최종 투자금 : 452만 원
연간 순수익 : 264만 원
수익률 : 58%

32만 원(월세) - 10만 원(이자)
= 월 순수익 : 22만 원
= 연간 임대 수익 : 264만 원

인천 남동구에 있는 빌라다. 최종 투자금 452만 원, 한 달 순익 22만 원, 1년 순익 264만 원이며 수익률로 환산하면 58%다. 임차인에게 보증금 300만 원을 받았고, 보증금을 받기 전 초기 투자금은 752만 원이다.

다음은 경기도 시흥시에 있는 빌라다.

최종 투자금 : 1,125만 원
연간 순수익 : 360만 원
수익률 : 32%

43만 원(월세) - 13만 원(이자)
= 월 순수익 : 30만 원
= 연간 임대 수익 : 360만 원

최종 투자금 1,125만 원, 한 달 순익 30만 원, 1년 순익 360만 원이며 수익률은 32%다. 임차인에게 보증금 500만 원을 받았고, 받기 전 초기 투자금은 1,625만 원이다. 앞서 살펴본 빌라보다는 투자금이 크지만, 이 역시 생각했던 금액보다는 크지 않을 것이다. 이렇게 소액으로 충분히 투자할 수 있는 부동산도 있다는 점을 꼭 기억하길 바란다.

03
레드오션을 이기는 차별화 전략

월세 받는 삶을 선택하다

부동산 경매를 하기로 마음먹었다면 이제는 투자 방향을 정하면 된다. 투자 방향은 크게 두 가지로 나뉜다. '시세 차익'과 '임대 수익'이다. '시세 차익'은 시세보다 싸게 낙찰받아 높은 금액으로 팔고 그 차익을 얻는 방법이다. '임대 수익'은 월세를 받으면서 일정한 현금 흐름을 얻는 방법이다. 나는 이 두 가지 중에서 임대 수익을 선택했다.

우선 나의 경우는 시세 차익을 얻는 투자 방향이 맞지 않았다. 시세 차익이라는 건 정확한 매매가 즉, 팔리는 가격을 정확하게 조사해야 한다. 정확한 가격을 알아야 시세보다 싸게 사서 수익을 얻을 수 있기 때문이다. 그런데 매매가는 월세보다 상대적으로 변동이 크다. 동네 월세 같은 경우는 시간이 지나도 크게 변하지 않는다. 나는 본업에 영향을 미칠 수 있는 투자는 선호하지 않는다. 매매가가 변동이 있다는 건 그만큼 예민하게 반응해야 한다는 뜻이다. 시세에 예민하게 반응해야 하는 투자는 회사를 다니면서 병행하기에는 어려울 거라는 판단이 들었다.

임대 수익을 택한 또 다른 이유는 시세 차익으로 수익을 보려면 집이 팔려야 하기 때문이다. 이 말은 수익이 언제 생길지 확실히 알 수 없다는 뜻이다. 집이 팔려야 돈이 들어오기 때문이다. 물론 한 번의 거래로 몇백만 원, 몇천만 원의 수익을 낼 것이다. 월세보다는 큰 돈이지만, 이 돈이 과연 내가 직장을 그만둘 수 있는 상황을 만들어줄 수 있을지 생각해봤다. 몇백만 원, 몇천만 원의 돈이 꾸준하게 들어오는 게 아니라면, 언제 팔릴지 모르는 불안정한 수입으로는 직장을 그만둘 수 없다고 판단했다.

임대 수익을 선택한 가장 큰 이유는 회사를 그만두고 중간 은퇴를 한 뒤, 내가 하고 싶은 일을 하며 제2의 인생을 살기 위해서다. 그래서 임대 수익을 선택했다. 직장을 그만두려면 일정한 소득이 있어야 하는데 시세 차익보다 임대 수익이 일정한 수익을 만드는 데 더 적합하기 때문이다. 그래서 나는 시세 차익이 아닌 매달 일정한 돈이 들어오는 임대 수익이라는 방향을 정했다. 중요한 것은 본인의 상황을 정확하게 보고 본인에게 적합한 투자를 하는 것이다.

부동산 경매의
블루오션을 발견하다

부동산 경매로 임대 수익을 만들기로 마음먹은 후에는 투자 대상을 정했다. 경매로 할 수 있는 건 아파트, 오피스텔, 빌라, 상가, 토지, 지식산업센터 등 다양하다. 나는 상대적으로 접근하기 쉬웠던 주거용 부동산에 관심이 많았다.

가장 먼저 누구나 좋아하는 아파트와 오피스텔을 생각해봤다. 주차와 관리가 편하기 때문에 싫어하는 사람은 없을 것이다. 건물도 깔끔하고 튼튼해 보인다. 이러한 이유로 많은 사람들이 선호하기 때문에 상대적으로 거래가 많은 편이다. 특히 아파트는 오피스텔보다 거래가 더 잘 된다. 거래가 잘 되므로 나중에 시세가 오를 거라는 기대감도 같이 생긴다. 그런데 이런 생각이 들었다. 내가 봐도 좋다면 다른 사람들도 좋아하지 않을까? 누가 봐도 좋은 것은 당연하게도 경쟁률이 그만큼 높을 수밖에 없다. 경쟁률이 높아지면 내가 낙찰받을 수 있는 가능성은 줄어든다.

사실 나도 처음엔 아파트와 오피스텔 경매를 노렸다. 경매에 참여하기 위해 여러 번 연차를 내고 시도했지만 계속 패찰했다. 매번 패찰하다 보니 나중에는 지쳐서 포기하고 싶었다. 경쟁률이 높다는 건 소액으로 사기 어렵다는 말도 된다. 그렇다고 해서 낙찰을 받기 위해 금액을 올리자니 수익률이 너무 떨어졌다. 부동산을 시세와 비슷하게 사거나 수익률이 5% 아래로 떨어진다면 경매를 하는 이유가 없었다. 내가 경매를 하는 건 부동산을 싸게 사고 싶다는 본질적인 목표가 있었기 때문이다.

계속되는 패찰로 지쳐가고 있을 때 경쟁률이 상대적으로 낮고 소액으로도 살 수 있는 것을 발견했다. 바로 빌라다. 지역이나 형태에 따라 다르지만 월세 수익률도 꽤 좋았다. 연식이 있는 빌라는 미래 가치를 기대할 수도 있다. 오래된 빌라는 세월이 지나면 언젠가는 허물어야 하는데, 이는 재개발이나 재건축을 기대할 수 있다는 말이다.

물론 이런 좋은 점 외에 단점도 생각해보고 내가 감당할 수 있는 것인지 봐야 한다. 일단 연식이 있는 빌라는 매도가 어렵고, 특히 반지하는 더 힘들다. 아파트나 오피스텔에 비해 주차가 불편하고 관리가 신경 쓰일 수도 있다. 주변에서 나중에 수리비가 더 들어갈 것 같다는 걱정스러운 말도 들려왔다. 하지만 나는 이 모든 걸 고려해보고 최종적으로 빌라를 선택했으며 심지어 현재는 반지하 빌라가 주력이다.

내가 빌라를 선택한 이유는 다음과 같다. **첫째, 연식이 있는 빌라는 소액으로 투자할 수 있고 수익률이 높다. 둘째, 회사를 그만두기 위한 일정 소득이 목표였기 때문에 매도 여부는 전혀 상관이 없다.** 애초에 집을 팔 생각이 없기 때문에 매도가 잘 안 되는 건 문제가 안 된다는 뜻이다. **셋째, 월세를 받다가 재개발이나 재건축이 들어갈 경우**

그때 팔면 된다. 물론 재개발이나 재건축을 기대하고 사는 것은 아니다. 개발이 안 되더라도 월세를 받을 수 있다는 확신이 있다. 넷째, 수익성이 괜찮고 수요만 좋다면 감정을 배제하고 단순하게 투자 대상으로 보면 된다. 외관상 꺼려지고 관리하기 불편해도 감당할 수 있다는 말이다. 물론, 해결이 가능한 문제들인지 먼저 판단해봐야 한다. 해결이 가능한 방법만 있다면 다소 귀찮고 번거롭더라도 괜찮다. 귀찮고, 번거롭고, 사람들이 싫어할수록 돈이 된다.

나는 이런 생각으로 빌라를 선택했다. 빌라 중에서도 연식이 있는 빌라와 반지하를 좋아한다. 물론 나중에 생각이 바뀔 수도 있다. 상가 투자를 하게 될 수도 있고, 아파트 투자를 할 수도 있지만, 현재까지는 지금 하고 있는 방식에 후회가 없다. 물론 나는 부동산 전문가가 아니다. 평범한 임대 사업자로서 '이런 생각을 가진 사람도 있구나' 하고 생각해주길 바란다.

나는 직장을 그만두기 위한 현금 흐름을 만들기 위해 '임대 수익'을 선택했다. 나의 금전적 상황을 봤을 때 소액으로 가능해야 했고, 수익률이 높아야 하기 때문에 '빌라'를 선택했다. 이 책뿐만 아니라 다양한 책을 찾아 읽고 여러 투자 방법들을 알아보면서 스스로에게 맞는 투자 방향을 정해보자. 자신의 투자 방향을 정했다면, 확신을 가진 채 그 방향으로 꾸준히 걸어가면 된다.

돈을 잃는
사람들의 특징

**사랑에 빠지면
판단력이 흐려진다**

영화에 나오는 피도 눈물도 없는 킬러를 보며 많은 생각을 했다. '저렇게 완벽한 킬러도 실수를 할 때가 있구나.'라고 말이다. 바로 사랑에 빠졌을 때다. 부동산 경매 투자를 하다 보면 조사하는 물건과 사랑에 빠지는 경우가 종종 있다. 인터넷으로 조사하고, 시세를 알아보고, 현장에 직접 가서 둘러보다 보면 애착이 생기는 게 당연하다. 문제가 없는 부동산이라면 내가 꼭 낙찰받아야 한다는 마음이 생기기도 한다.

'올해 안에 2채를 낙찰받는다'는 식의 계획을 세우는 것은 좋다. 하지만 잘못하면 수익률보다 부동산 개수에 집착하는 함정에 빠지기도 한다. 경매 투자는 높은 수익을 위해 하는 것이지, 낙찰을 많이 받기 위해 하는 것이 아니다. 낙찰에 집착하다 보면 낙찰을 받기 위해 높은 입찰가를 적는 경우도 있다.

하루빨리 부동산을 낙찰받으려는 조급함은 독이 되어 돌아온다. 인생은 길다. 길게 보고 천천히 하나씩 늘려가면 된다. 우리가 돈이 없지 매물이 없는 게 아니다. 아무리 좋은 물건처럼 보일지라도 이와 비슷한 물건은 계속 나온다. 나도 초보자 시절 '이거 아니면 안 될 거 같다'는 생각을 수도 없이 해왔지만, 계속해서 투자를 하다 보니 더 좋은 물건들이 찾아왔다. 물론 패찰도 많이 해봤다. 그때마다 '이 부동산은 나와 맞지 않는 거였구나.'라고 생각했더니 마음이 한결 편해졌다. 부동산 경매에 올라오는 물건은 정말 많다. 급할 필요 없다. 급할수록 판단력은 흐려지고 제대로 된 결정을 하기 힘들다.

급할 때, 익숙할 때 실수한다

사람들은 시간이 없거나 익숙할 때 잘못된 판단을 내리는 경향이 있다. 우리의 일상을 둘러봐도 쉽게 알 수 있다. 바겐세일, 선착순 할인

등의 단어를 보게 되면 혹하게 된다. 지금 당장 결정하지 않으면 좋은 기회를 놓치게 될까 하는 조급한 마음이 생긴다. 이때 생기는 급한 마음에 잘못된 결정을 내리기도 한다. 또한 익숙하다고 생각하는 일에 '이건 자신 있지!'라는 확신과 함께 실수가 생긴다.

부동산 경매 투자도 이와 비슷하다. 투자하기로 한 물건이 있다고 가정해보자. 경매 사이트를 봤더니 조회수도 많고 물건도 좋아 보인다. 경매 입찰장에 갔더니 사람들이 가득해 왠지 경쟁률이 높을 것 같다는 느낌이 든다. 조급한 마음이 들어 낙찰을 받기 위해 생각해둔 입찰 가격보다 높은 가격을 쓴다. 만족스러운 수익률이면 괜찮지만, 오히려 손해를 볼 정도의 금액을 쓰는 경우도 있다.

뒤에 자세하게 나오겠지만, 경매 물건에 문제가 있는지 없는지 평가하는 권리분석과 현장 조사도 마찬가지다. 처음에는 걱정되는 마음에 이것저것 꼼꼼하게 체크를 한다. 하지만 시간이 지나 익숙해지면 사소한 부분들은 그냥 넘어가는 경우가 생긴다. 특히 잘 알고 있는 동네라고 생각하며 현장 조사를 안 하는 분들도 있다. 실제로 나도 그랬었다.

한번은 인터넷 지도에 있는 로드뷰로 근처를 대강 둘러보고, 공실이 거의 없는 동네라는 것을 알고 있었기에 현장 조사를 하지 않으려 했다. 그러다 입찰 전, 어쩌다 근처에 갈 일이 생겨 집에 들러봤다. 그런데 현장은 참혹했다. 재개발 문제로 현수막과 접근 금지 테이프가 붙어 있었고 세입자도 없는 텅 빈 건물이었다. 만약 내가 이 모습을 실제로 보지 않고 집을 덜컥 낙찰을 받았다면 대략 1,300만 원을 손해 볼 수 있었던 상황이었다. 문제를 해결하는 시간까지 계산해본다면 엄청난 기회비용을 날리는 셈이다.

사소한 실수는 입찰장에서도 주의해야 한다. 입찰 서류를 작성하는 과정이 조금 익숙해졌을 때 오히려 실수를 저지르게 된다. 합리적인 1등 금액을 썼다고 생각했지만 실수로 숫자를 잘못 적어 패찰한 경우를 수없이 봤다. 간단한 절차일수록 정해진 매뉴얼대로 확인하며 진행하는 습관이 필요하다.

Chapter 3

알아두면 돈이 되는 경매 지식!

01
흔들리지 않기 위한 준비물

하나라도 부족하면 흔들린다

무언가를 하고 싶을 때는 생각만 하기보다 일단 실행하는 것이 중요하다고들 한다. 하지만 투자는 실행하기 전에 최소한의 준비는 해야 한다. 투자를 하다 보면 이런저런 방해물로 인해 흔들리는 상황이 올 것이다. 나는 그런 상황에서도 흔들리지 않고 투자하기 위해 다음 다섯 가지를 확실하게 준비했다.

1. 투자금

지상층 빌라는 1천만~3천만 원 정도, 반지하의 경우 500만~1,500만 원 정도는 가지고 있어야 한다. 이렇게 범위가 큰 이유는 지역, 연식, 층수, 평수에 따라 투자금의 차이가 생기기 때문이다. 따라서 똑같은 빌라여도 투자금은 달라질 수 있다. 투자금에 대한 감은 조사와 계산을 반복하다 보면 자연스럽게 익힐 수 있으니 미리 걱정하지 말고 대략적인 범위만 알고 있으면 된다.

2. 마인드 세팅

나는 누군가를 설득하는 게 세상에서 가장 힘든 일이라고 생각한다. 이 말은 자기 자신이 기존에 가지고 있던 생각을 변화시키는 것도 어렵다는 뜻이다. 그래서 투자를 하기 전에 마인드 세팅을 먼저 확실하게 해두어야 한다. 주변의 이야기에 흔들리지 않기 위해서는 이 마인드 세팅이 정말 중요하다. 대출, 명도, 공실, 투자자로 나누어 좀 더 자세하게 설명해보겠다.

먼저 '대출'에 대한 마인드 세팅이다. 대출 원금은 최대한 늦게 갚는 게 좋다. 20~30년 전의 5천만 원과 지금의 5천만 원을 비교해보자. 물가를 반영해봤을 때 과거의 5천만 원이 훨씬 더 가치가 클 것이다. 비슷한 맥락으로 지금 5천만 원을 빌려서 20~30년 후에 이 돈을 갚을 수 있다면, 당연히 미래에 갚는 게 훨씬 좋다는 결론이 나온다. 대출 원금을 빨리 갚아야 된다는 생각을 가지기보다 '최대한 늦게 갚는 게 좋다'는 생각을 가져야 한다.

나는 대출 이자로 내는 돈이 가장 아까운 돈이라고 생각한다. 하지만 대출 이자는 내 돈으로 내는 게 아니라 임차인의 월세로 갚기 때문에 상관없다. 심지어 대출 할부 원금도 월세에서 내고도 돈이 남는다. 대출을 이용하여 벌고 있는 수익이 이자보다 크다면 괜찮다.

그다음은 '명도'다. 명도는 토지, 건물과 같은 부동산을 인도받는 것을 말한다. 경매로 집을 낙찰받으면 그곳에 살고 있는 사람과 재계약을 하거나 내보내야 한다. 집에 살고 있는 사람을 내보내고 집 열쇠를 받아내는 것이 명도라고 생각하면 이해하기 쉽다. 명도가 두려워서 부동산 경매를 못 하는 사람들이 실제로 많다. 나도 걱정했던 부분이기도 하다. 그런데 크게 걱정하지 않아도 된다. 거주자 역시 집이 경매로 나간 걸 알고 있기 때문이다. 법원에서 집이 경매로 넘어갔다고 등기로 알려주면 거주자도 인터넷으로 조사해보거나 주위 사람들에게 물어보면서 마음의 준비를 해둘 것이다. 그래서 막상 명도하러 가보면 협상이 순조롭게 끝나는 경우가 많다. 협상이 잘 안 된다 해도 대처 방법이 있으니 크게 걱정하지 않아도 된다. 대처 방법은 뒤의 명도 파트에서 자세하게 다루겠다.

다음으로 '공실'에 대한 이야기다. 임차인이 들어오지 않는 상황을 공실이라고 한다. 대출 이자를 내야 하는 상황에서 공실이 길어지면 걱정이 될 것이다. 공실을 아예 없앨 수 있는 방법은 없지만 리스크를 최소화할 수 있는 방법은 있다. 일단 나는 처음부터 공실 기간을 3~6개월 정도로 예상한다. 애초에 최악의 상황을 고려하는 것이다. 3~6개월 정도의 대출 이자는 내가 감당할 수도 있다는 각오를 한다. 그렇기 때문에 이자를 감당할 수 있는 수준으로 집을 알아보고 사는 경향이 있다. 내가 가지고 있는 집들 모두 평균 2개월 이내에 임차인이 들어왔다. 주위에서도 공실이 2~3개월 이상 넘어간 경우를 보지 못했다. 앞으로 이 책에서 알려주는 방법으로 조사만 잘 한다면 공실은 최소화할 수 있을 것이다.

마지막으로 '==투자자=='다. 어떤 투자에서든 항상 문제는 생긴다. 이때 남을 탓하거나 환경을 탓하거나 포기해버리면 안 된다. '투자자란 문제를 해결하는 사람'이라는 말이 있다. 문제를 해결하고자 한다면 방법이 보일 것이다. 그렇지 않은 사람의 눈에는 핑계만 보인다. 문제를 해결할 수 있다는 마인드를 가졌다면, 당신은 무엇을 하든 성공할 것이다.

3. 고정 소득

부동산 투자를 하다 보면 어떤 변수가 갑자기 튀어나올지 아무도 모른다. 그렇기 때문에 리스크를 감당하기 위해서는 일정한 고정 소득이 필요하다. 일정한 소득이 있어야 갑자기 발생하는 리스크도 감당할 수 있다. 그렇기 때문에 일정한 임대 수익이 만들어질 때까지는 본업을 유지하는 게 좋다. 잘 다니던 직장을 그만두고 처음부터 경매에 올인하는 것은 좋은 방법이 아니다. 그렇게 되면 나중에 부동산에 문제가 생겼을 때 판단력이 흐려질 확률이 높다. 일을 그만두지 말고 회사를 다니면서 병행하다가 생계에 문제가 생기지 않을 정도의 임대 수익이 만들어졌을 때 회사를 나오는 게 바람직하다.

4. 실전 공부

처음부터 복잡하고 광범위하게 공부할 필요는 없다. 이론만 계속 공부하면 금방 지칠 것이다. 경매를 공부하는 사람들을 보면 대부분 이론만 공부하다가 포기한다. 이론은 공부할수록 끝이 없기 때문이다. 우리는 자격증을 따기 위한 시험 공부를 하는 게 아니다. 그렇기 때문에 실전에서 바로 쓸 수 있는 이론만 공부하면 된다. 간단한 이론만 공부하고 그 이후부터는 실제로 경험하면서 그때그때 필요한 내용을 공부하면 기억에도 잘 남고 효율적이다.

5. 실행력

아무리 철저하게 준비하고 마인드 세팅을 해도 '실행'하지 않으면 아무 의미가 없다. 나는 아르바이트 면접을 볼 때조차 가게 문 앞에서 30분을 서성일 정도로 항상 모든 일에 두려워하고 주저했다. 실행력 또한 매우 낮은 사람이었는데, 실행력을 높이기 위해서 작은 목표를 세우고 그 목표를 실현하는 데 노력을 기울였다. 작은 목표를 세우고 하나하나 이루어가다 보니 경험치가 쌓이며 자신감도 생겼고, 그런 다음에는 자연스럽게 더 큰 목표를 그리게 되었다. 여러분들도 작은 목표의 힘을 꼭 경험해보길 바란다.

이 다섯 가지가 서로 맞아떨어질 때 비로소 흔들리지 않는 자신을 발견하게 될 것이다.

📝 요약 정리

1. **투자금** : 대상을 정하고 여유 있게 준비하자
2. **마인드 세팅** : 기존에 가지고 있던 생각을 바꿔야 한다
3. **고정 소득** : 리스크를 감당할 수 있는 수익이 있어야 한다
4. **실전 공부** : 이론보단 실전 공부가 효과적이다
5. **실행력** : 작은 목표를 세우고 이뤄가면서 자신감을 높이고 경험을 쌓자

02
단번에 이해하는 경매 절차

대화의 시작은
아는 단어다

원활한 대화를 위해선 상대가 하는 말의 뜻을 이해해야 한다. 그러기 위해서는 기본적인 용어를 알고 있어야 하는 건 당연하다. 단어의 뜻을 모르는데 백날 설명해야 무슨 소용이 있을까? 이번 파트에서는 앞으로 우리가 나눌 대화를 원활하게 하기 위해 기본 용어들을 정리하고자 한다. 기초적인 수준에서는 이 용어들만 알아도 충분하니 잘 기억해두자.

채권자/채무자

'채권자'는 사전적 의미로 특정인에게 일정한 빚을 받아낼 권리를 가진 사람이다. 즉, 돈을 빌려준 사람이다. '채무자'는 특정인에게 일정한 빚을 갚아야 할 의무를 가진 사람이다. 즉, 돈을 빌린 사람이다.

임대인/임차인

'임대인'은 임대차계약에 따라 공간을 빌려주는 사람을 말하고, 부동산의 소유자 또는 집주인이라고도 한다. '임차인'은 일정한 비용을 지불하고 공간을 빌려 이용하는 사람이고, 세입자라고도 한다.

등기부등본

부동산 경매를 하지 않더라도 한 번은 들어본 적 있을 것이다. 사전적 의미로는 부동산에 관한 권리 관계를 적어두는 등기부를 복사한 증명 문서를 말한다. 쉽게 말하자면 등기부등본은 해당 건물의 소유자, 용도, 평수 그리고 채무 등을 확인할 수 있는 문서다. 건물에 대한 모든 역사가 등기부등본에 적혀 있다고 생각하면 된다.

감정평가서

'감정평가서'는 토지 및 건물에 대한 감정을 평가하기 위해 작성한 문서다. 감정평가서가 만들어지는 과정을 알게 되면 이해하기 쉬울 것이다. 법원이 경매 신청을 받으면 해당 토지와 건물을 조사해야 한다. 그런데 법원은 이 모든 걸 다 조사할 인력이 없으므로 감정평가사에게 토지와 건물을 평가해달라고 의뢰한다. 그러면 감정평가사가 토지와 건물에 대한 조사를 하고 감정가를 기입하는데, 이 감정가가 경매의 최초 시작가가 된다.

예를 들어, 감정평가사가 토지와 건물이 1억 원 정도 하겠다고 감정가를 기입하면 1억 원이 경매 시작가가 된다. 그런데 이 감정가는 일반적인 시세와 차이가 있을 수 있다. 시세는 8천만 원인데 감정가는 1억 원으로 잡힐 수 있기 때문에 '감정가=시세'라고 생각하면 안 된다는 말이다. 추가적으로, 감정평가서 안에는 감정평가사가 찍어 온 사진들이 있다. 건물의 외관, 현관문, 내부 방 구조도 등이 있는데 이 사진들을 참고하면 좋다. 감정평가서에 쓰인 글이 굉장히 많지만 다 읽을 필요는 없고 우리는 사진만 확인하면 된다.

현황조사서

'현황조사서'는 말 그대로 현재 상황을 조사해 온 서류다. 법원 직원이 해당 부동산에 직접 방문해 살고 있는 사람과 대화한 내용을 적는다. 그런데 현황조사서는 말로 전해지는 것이기 때문에 신빙성이 높지가 않다. 심지어 방문했는데 아무도 만나지 못하고 오는 경우도 있다. 현황조사서는 간단히 읽고 참고만 하면 된다.

매각물건명세서

다른 건 다 잊어도 이건 잊지 말아야 한다. 경매할 때 매각 물건의 정보를 볼 수 있도록 내용을 기록하여 법원이 비치한 문서다. 법원이

"이 집에는 이러한 문제가 있으니 참고하고 들어와라." 이렇게 말해주는 것이다. 매각물건명세서가 중요한 이유는 법원에서 책임을 지는 문서이기 때문이다. 만약에 명세서에 없는 내용이 나중에 발견된다면 무료로 취소 신청을 받아준다. 반면 물건명세서 문제가 아닌 개인적 사유로 취소할 경우에는 손해를 볼 수 있다. 그렇기 때문에 매각물건명세서를 반드시 확인해야 된다.

유찰

'유찰'이란 경매에 아무도 참여하지 않아 일정 가격이 떨어졌다는 뜻이다. 다음 표를 한번 보겠다.

경매진행/감정평가	
[진행]	
신건 유찰	2019-05-02 71,000,000원
2차 유찰	2019-06-05 49,700,000원
3차 매각	2019-07-15 34,790,000원

신건, 새로운 물건이 2019-05-02 감정가 7,100만 원에서 시작했다. 그런데 아무도 참여를 하지 않아 가격이 떨어지고 2019-06-05 4,970만 원으로 경매를 다시 시작했다. 이때도 아무도 참여하지 않아서 2019-07-15에 3,479만 원으로 경매가 시작되었고, 이때 누군가 들

어와서 낙찰이 된 것이다. 이렇게 경매에 아무도 참여하지 않으면 일정 가격이 떨어지는데 이를 유찰이라고 한다. 3회 유찰되었다는 것은 가격이 3회 떨어졌다고 이해하면 된다.

말소

'말소'는 소멸과 같은 말이다. 기록되어 있는 사실 따위를 지워서 아주 없어진 즉, 완전히 지워졌다는 뜻이다.

다가구주택/다세대주택

다가구주택은 건물 전체의 집주인이 1명이다. 다세대주택은 건물 안에 있는 101호, 102호, 201호 등 호실별로 주인이 다 다른 걸 의미한다. 그래서 나 같은 소액 투자자는 다세대주택에 집중하는 편이다. 다세대주택은 다가구주택보다 상대적으로 가격이 낮기 때문이다.

전체 과정을 알면
계획을 세울 수 있다

경매에서 낙찰을 받았다고 해서 바로 부동산을 주는 것이 아니다. 정해진 절차가 있다. 이 절차를 알고 있어야 앞으로 어떻게 해야 할지 전략과 계획을 세울 수 있다. 어렵지 않으니 천천히 읽고 자주 보면 자연스럽게 외워질 것이다.

내가 경매에 나온 빌라를 낙찰받았다고 가정해보겠다. 낙찰을 받고 약 14일 동안 이의를 제기할 수 있는 시간을 준다. 14일이 지나면 매각이 확정되면서 남은 잔금을 납부하라고 등기가 날아온다. 잔금 납부 기간은 대략 한 달을 주는데, 그 안에 잔금을 내면 된다. 잔금을 내는 순간 소유권이 넘어오면서 완전한 집주인이 된다. 소유권이 완전히 이전되고 약 4주 후에 배당기일이 잡힌다.

배당기일은 법원에서 낙찰자에게 돈을 받아 채권자들에게 나눠주는 걸 말한다. 돈을 빌려준 사람들에게 "이날 몇 시까지 오세요. 그러면 돈을 나눠줄게요."라고 정한 날짜가 배당기일이다. 이렇게 배당기일에 채권자들에게 돈을 다 나눠주면 경매가 종료된다.

요약 정리

- 채권자와 채무자
  : 채권자는 돈을 빌려준 사람, 채무자는 돈을 빌린 사람
- 임대인과 임차인
  : 임대인은 공간을 빌려준 사람, 임차인은 일정한 돈을 지불하고 공간을 빌린 사람
- 등기부등본
  : 건물에 대한 모든 역사가 적혀 있다
- 감정평가서
  : 다 읽을 필요 없고 사진만 체크하자

- 현황조사서
  : 현재 상황을 조사한 것으로, 가볍게 참고만 하면 된다
- 매각물건명세서
  : 법원이 물건에 대한 내용을 말해주는 문서이므로 제일 중요하다
- 유찰
  : 가격이 떨어졌다는 뜻
- 말소
  : '소멸'과 같은 말로 완전히 지워졌다는 뜻
- 다가구주택과 다세대주택
  : 다가구주택은 건물의 주인이 딱 1명, 다세대주택은 호실별로 주인이 다르다

경매 사이트
이용 방법

가고 싶은 나라의
언어를 공부해야 한다

어떤 외국인이 한국에 와서 산다고 했을 때 가장 먼저 배워야 하는 게 뭘까? 당연히 한국어다. 한국 사람들과 의사소통이 되어야 살아갈 수 있다. 그러기 위해서는 한국어를 읽을 줄 알아야 되고, 쓸 줄 알아야 되고, 말할 줄 알아야 한다. 그렇다면 우리가 경매를 하기 위해서 가장 먼저 해야 할 일은 뭘까? 경매 정보를 읽을 줄 알아야 한다. 경매 정보를 읽고 모아서 내가 사고 싶은 집이 좋은지 나쁜지 판단을 해야 한다. 정보를 읽을 줄 알아야 판단할 수 있다.

이 파트에서는 경매 정보 읽는 방법을 다룰 것이다. 그 전에 경매 정보 사이트들의 유형을 먼저 이해하고 넘어가자. 경매 정보를 볼 수 있는 곳은 무료 사이트도 있고, 유료 사이트도 있다. 그런데 경매 투자를 하는 사람들은 대부분 유료 사이트를 이용한다. 유료 사이트가 한눈에 보기 쉽게 정리가 잘 되어 있고, 반드시 필요한 정보들을 효율적으로 볼 수 있기 때문이다.

부동산 투자는 정보와 속도 싸움인데, 무료 사이트는 제한된 정보가 있고 보기가 불편하다. 제한된 시간 안에 남들보다 빠르게 많이 보기 위해서는 유용한 도구를 쓰는 것이 효율적이다. 전쟁에도 좋은 무기를 들고 나가야 이길 확률이 높아지지 않을까? 물론 처음 연습할 때는 무료 사이트를 이용해도 좋고, 이용하기에 편하다면 무료 사이트를 계속 이용해도 좋다. 선택은 본인의 몫이다. 법원에서 공개하는 '대한민국법원 법원경매정보' 사이트도 있고, 인터넷에 검색하면 무료 경매 사이트를 쉽게 찾아볼 수 있다.

내가 경매를 시작할 때부터 현재까지 이용하고 있는 곳은 '스피드옥션'이라는 사이트다. 다른 유료 사이트에 비해 이용료가 저렴하고 보기에도 깔끔하다. 유료 사이트는 다양하게 있지만 이 책에서는 스피드옥션을 기준으로 경매 정보 보는 방법을 소개하겠다. 경매 사이트들의 기본적인 틀은 비슷하니 개인적으로 원하는 곳을 이용해도 괜찮다.

먼저 사이트에 들어가서 로그인을 한다.

사이트 상단의 '경매검색'을 클릭하면 '종합검색' 화면이 보인다. 여기에 원하는 조건을 기입하면 된다.

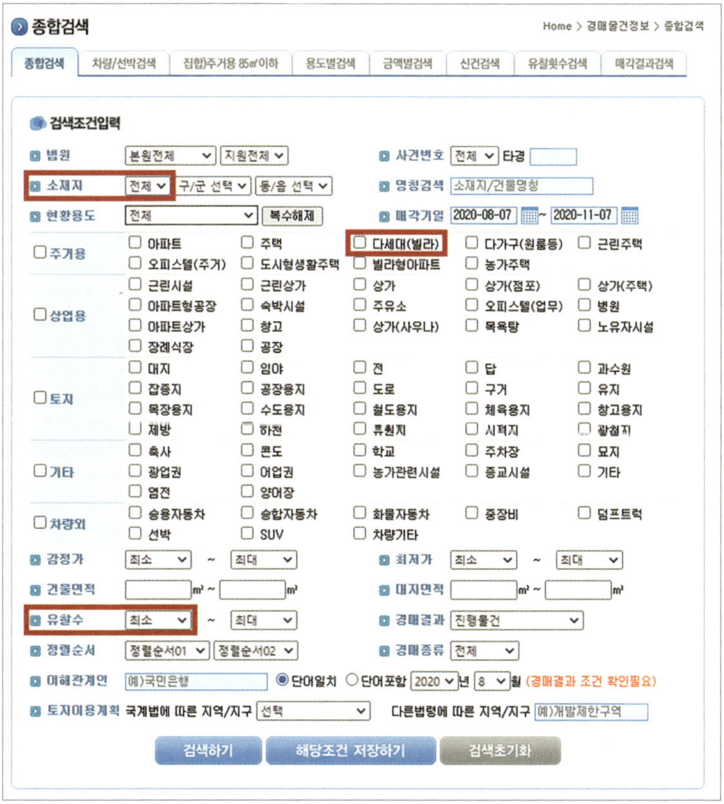

Chapter 3 알아두면 돈이 되는 경매 지식!

나는 이렇게 표시한 세 가지만 설정하는 편이다. 우선 소재지 부분에서 전체 설정을 본다. 서울이면 서울, 인천이면 인천, 이렇게 원하는 지역을 설정한다. 다음으로 주거용에서 원하는 형태를 체크하면 되는데, 나는 주로 빌라를 보기 때문에 '다세대(빌라)'에 체크한다. 만약에 아파트도 보고 싶다면 아파트에도 체크하면 된다. 그다음 아래로 내려와서 '유찰수' 부분을 최소 1회로 설정해둔다. 유찰은 가격이 한 번 떨어졌다는 뜻이다. '유찰수 최소 1회'라는 것은 가격이 한 번 떨어진 물건부터 보겠다는 뜻이다. 0회, 1회, 2회 등 본인이 보고 싶은 조건으로 설정하면 된다.

이렇게 조건을 설정하고 검색하기를 클릭하면 조건에 해당되는 물건들이 쭉 나올 것이다. 그중에서 마음에 드는 물건을 클릭하면 오른쪽 이미지처럼 새로운 화면이 나온다.

먼저 오른쪽 상단의 '세로보기(2)'를 클릭한다. 그다음 왼쪽 상단의 법원 이름부터 확인한다. 한 지역에도 법원이 여러 개가 있기 때문에 법원 위치를 꼭 확인해야 한다. 위치는 오른쪽에 있는 '법원안내'를 클릭하면 볼 수 있다.

1. 사건번호

'사건번호'는 사람으로 따지면 주민등록번호랑 비슷하다. 이 집의 고유번호를 사건번호라고 하는데 예를 들어 '2018타경99'라고 한다면 2018년도에 나온 99번째 물건이라는 뜻이다.

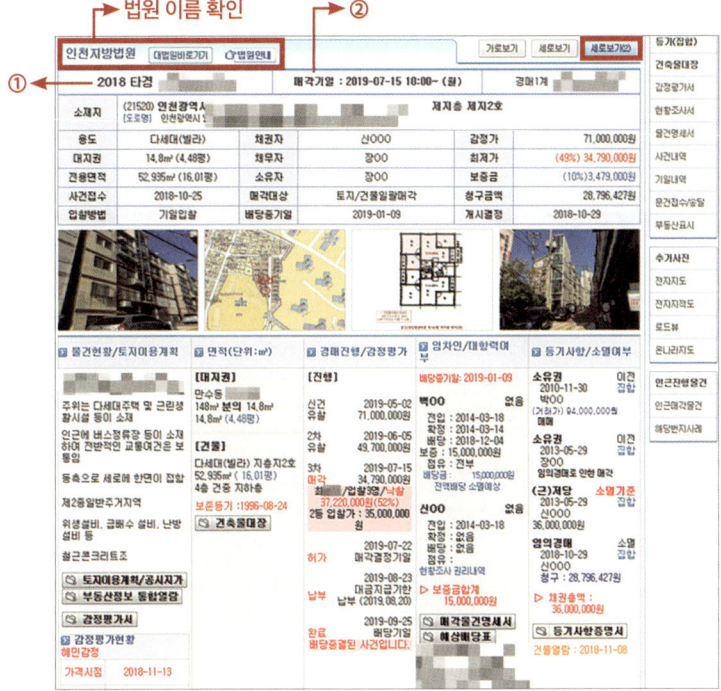

2. 매각기일

사건번호 오른쪽 '매각기일'도 확인해야 한다. 2019년 7월 15일 오전 10시, 이날 이 시간에 와야지 경매에 참여할 수 있다는 뜻이다. 보통 경매 참여 시간은 1시간을 주므로 10시부터 11시까지라고 이해하면 된다. 경매 시작 시간은 법원마다 다르기 때문에 꼭 미리 확인해야 한다. 내가 이날 연차를 쓸 수 있는지, 만약 내가 못 가면 대리인이 가줄 수 있는지 등을 미리 체크하고 스케줄을 조절하면 좋다.

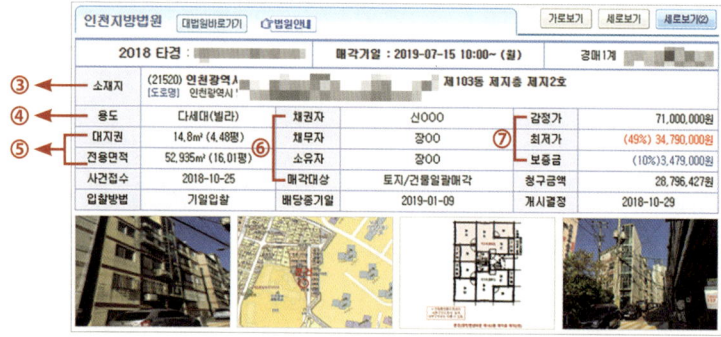

3. 소재지

다음으로 하단의 소재지(주소)를 확인한다. 조사하는 집의 주소와 층수까지 적혀 있다. '제지층'이라는 것은 반지하라는 뜻이다.

4. 용도

그다음 바로 아래 '용도'를 확인한다. 다세대(빌라)라고 쓰여 있다. 아파트면 아파트, 다가구면 다가구 이렇게 쓰여 있을 것이다.

5. 대지권/전용면적

그다음으로 '대지권'과 '전용면적'을 살핀다. 대지권은 4.48평, 이 집을 사는 경우 대지권 4.48평이 주어진다는 뜻이다. 전용면적은 실평수를 말한다. 분양면적과 전용면적이 있는데 분양면적은 다른 사람들과 공용으로 이용하는 곳인 주차장이나 복도 등을 모두 포함하는 면적을 뜻하며, 전용면적은 내가 거주하는 공간만을 뜻한다.

6. 채권자/채무자/소유자/매각대상

채권자, 채무자, 소유자 이름은 읽어보고 넘어간다. 밑에 '매각대상'을 확인해본다. '토지/건물일괄매각'이라는 것은 토지와 건물 둘 다 팔겠다는 뜻이다. 만약 여기에 '토지만 매각' 또는 '건물만 매각'이라고 쓰여 있으면 곤란하다. 만약 토지만 매각인 물건을 낙찰받게 되면 토지의 주인은 내가 되는 것이고, 건물 주인은 다른 사람이 될 수도 있다. 특별한 목적이 따로 있지 않은 이상 이런 물건은 피하는 게 좋다.

7. 감정가/최저가/보증금

그다음 오른쪽에 감정가, 최저가, 보증금을 확인한다. 감정가가 7,100만 원이라고 쓰여 있는데, 감정가란 감정평가사가 토지와 건물을 조사해서 '이 정도 시세가 되겠구나' 하고 감정한 가격을 감정가라고 한다. 앞서 감정가는 일반적인 시세랑 다를 수 있다고 말했다. 이 감정가가 시세라고 믿으면 안 된다는 뜻이다.

최저가는 49% 3,479만 원이라고 적혀 있다. 이 가격은 해당 매각기일에 경매 시작가를 말한다. 3,479만 원부터 쓸 수 있다는 것이다. 보증금 10%는 최저가에 대한 10%이다. 경매에 아무나 참여할 수 있는 게 아니라 이 보증금을 들고 가야 경매에 참여할 수 있는 최소 조건이 된다. 보증금이 있어야 경매에 참여할 수 있다는 뜻이지만, 이 돈은 내가 경매에서 떨어지게 되면 다 돌려주니 걱정하지 않아도 된다. 여기서 주의할 점은 보증금은 일반적으로 최저가의 10%인데 때에 따라 20~30%일 때도 있으니 꼭 미리 확인하고 가야 한다.

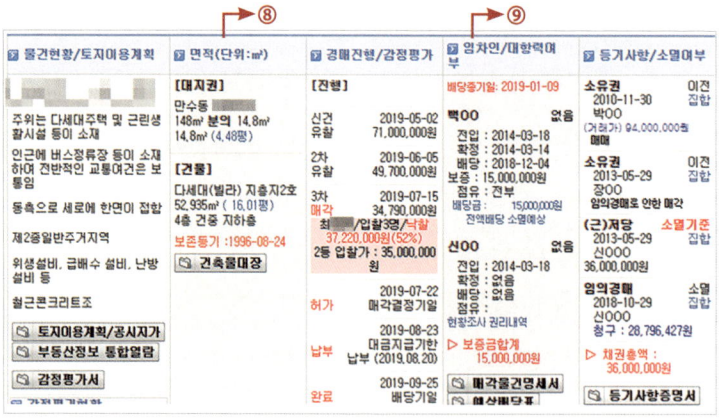

8. 면적

그다음 아래로 내려와서 대지권, 건물 면적, 빌라의 총 층과 해당 층수를 볼 수 있다. 이미지를 보면 '4층 건 중 지하층'이라고 적혀 있는데, 이 빌라가 총 4층이고 해당 집이 반지하라는 의미이다. 그리고 바로 밑에 '보존등기'를 확인한다. 1996년 8월 24일이라고 적혀 있는데 이 날짜가 바로 집이 태어난 날이다. 따라서 이 집의 연식은 96년식이고, 1996년도에 지어졌다고 생각하면 된다.

9. 임차인 정보

오른편에는 임차인에 대한 정보가 나온다. 현재 그 집에 거주하고 있는 사람에 대한 정보와 집에 등기된 권리 내용이 적혀 있다.

10. 관련 문서 및 지도

그다음 오른쪽 위로 올라가면 용어 설명에서 이야기했던 감정평가서, 현황조사서, 물건명세서가 나온다. 하나하나 클릭해서 읽어보면 된다. 아래로 내려오면 전자지도가 있다. 전자지도를 통해 집 근처에 뭐가 있는지 인프라를 확인할 수 있다.

나는 이런 식으로 정보를 한 번 쭉 읽는다. 물론 처음에 볼 때는 익숙하지 않아 더디고 느릴 것이다. 당연하다. 누구나 처음에는 어렵다. 반복해서 보다 보면 시야가 넓어질 거라고 믿는다. 더 많은 설명이 필요한 부분은 앞으로 하나하나 이야기해보겠다.

Chapter 4

알면 돈 벌고, 모르면 돈 잃는다!

01 개념 및 용어 정리

권리분석을 못하면
돈을 잃는다

본격적인 경매 정보를 읽기 위해서 가장 먼저 '권리분석'에 대해 알아야 한다. 권리분석이란 입찰하는 부동산의 권리 상태를 파악하는 단계다. 낙찰자가 책임질 게 있는지 없는지, 물어낼 돈이 있는지 없는지를 판단하는 단계라고 이해하면 좋다. 권리분석이 제대로 안 된다면 수익을 떠나서 오히려 손해를 볼 수도 있으니 권리분석은 꼭 잘해야 한다.

권리분석을 할 때는 두 가지를 중점적으로 확인하면 된다. '등기부등본 권리분석'과 '임차인 권리분석'이다. 등기부등본을 보는 이유는 권리적으로 문제가 있는지 없는지를 보는 것이고, 임차인 권리분석은 낙찰자가 물어낼 돈이 있는지 없는지를 보기 위한 것이다.

권리분석을 본격적으로 공부하기 전에 '말소기준권리'라는 용어를 알아두면 좋다. 말소기준은 소멸기준과 같은 말이며, '소멸이 되는 기준'이라는 뜻으로 권리들을 파악하는 기준이 된다. 말소기준이 되는 권리에는 '근저당, 가압류, 경매개시결정, 담보가등기, 선순위 전세권자'가 있는데 이해하기보다 외우는 게 편하다. 그리고 이들 중에서 가장 빠른 날이 바로 말소기준이 된다. 이렇게만 보면 다소 어려울 것이다. 예시를 통해 쉽게 이해해보자.

앞쪽의 물건 정보 표의 '등기사항/소멸여부' 부분에서 말소기준 권리에 해당하는 건 뭐가 있는지 확인을 해보자. 근저당, 압류, 가압류가 있다. 이 셋 중에서 가장 빠른 날짜를 찾으면 끝이다. 근저당은 2017년 6월 20일, 압류는 2018년 1월 26일, 가압류는 2018년 9월 11일이라고 적혀 있다. 이 중에서 가장 빠른 날은 바로 근저당이다. 그래서 옆에 빨간 글씨로 '소멸기준'이라고 보기 쉽게 표시해두었다.

이러한 말소기준을 비교해 인수와 소멸이 결정되는데 말소기준보다 빠른 날짜들은 인수되고, 말소기준보다 늦은 날짜면 소멸이 된다. 따라서 근저당 뒤에 있는 압류, 임의경매, 가압류는 다 소멸된다고 볼 수 있다. 그리고 앞에 있는 소유권은 인수된다.

예시를 하나 더 보겠다.

(근)저당	2018-10-02
(가)압류	2019-06-11
담보가등기	2019-11-15

내가 어떤 집을 사려고 하는데 이러한 권리가 있다고 하며 전부 말소기준권리들이다. 그럼 일단 이 중에서 가장 빠른 날을 찾는다. 가장 빠른 날은 2018년 10월 2일 근저당이다. 그럼 2018년 10월 2일 근

저당이 말소기준(소멸기준)이 된다. 말소기준 뒤의 날짜들은 다 소멸되고 말소기준보다 빠른 날짜는 인수된다.

어렵게 생각할 필요 없이 말소기준권리에는 이런 게 있고, 인수와 소멸은 이렇게 정해진다는 정도만 알아두고 다른 내용을 하나씩 추가하면 된다.

요약 정리

1. **권리분석** : 낙찰자가 책임질 게 있는지 없는지를 판단하는 단계(등기부등본, 임차인)
2. **말소기준권리** : 인수와 소멸을 따지기 위한 기준
   - (근)저당, (가)압류, 경매개시결정, 담보가등기, 선순위 전세권자
   - 가장 빠른 날이 말소기준
   - 말소기준을 기준으로 앞의 날짜들은 인수, 뒤의 날짜들은 소멸

02
등기부등본 권리분석 10초 컷

등기부등본
권리분석

'등기부등본 권리분석'이란 낙찰을 받게 될 경우 책임져야 할 권리가 있는지 없는지 판단하는 단계를 말한다. 등기부등본을 분석하기 위해서는 '매각물건명세서'가 필요하다. 매각물건명세서는 법원이 비치한 문서이기 때문에 중요하다고 앞서 언급했다. '이 집에는 이러한 문제가 있으니 꼭 읽고 참고하라'고 법원이 공지한 문서다. 매각물건명세서를 통해 등기부등본을 분석해보자.

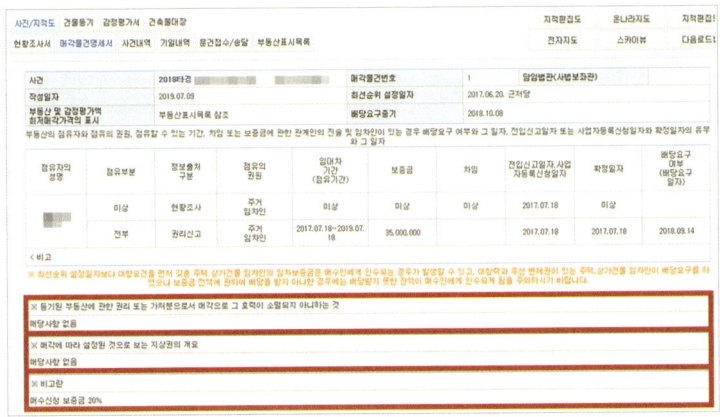

    등기부등본 권리분석을 10초 만에 끝내는 방법이 있다. 바로 매각물건명세서 아래에 있는 표에서 '해당사항 없음'을 확인하면 된다. 표시한 부분을 보면 '등기된 부동산에 관한 권리 또는 가처분으로서 매각으로 그 효력이 소멸되지 아니하는 것'이라고 적혀 있다. 소멸이라는 단어는 완전히 지워진다는 뜻이다. 그런데 소멸되지 아니한다는 건 지워지지 않는다는 뜻이다. 즉, 낙찰자가 책임져야 할 내용이라는 뜻이다. 표에 '해당사항 없음'이라고 적혀 있으므로 이 집은 권리적으로 문제가 없다고 분석된다.

    그런데 제일 아래 비고란에 '매수신청 보증금 20%'라고 적혀 있다. 이건 문제가 있는 것은 아니고, 앞서 잠깐 설명했던 것처럼 원래 일반적인 보증금은 10%이지만 이 집은 보증금을 20% 들고 와야 한다고 강조하는 내용이다.

    만약 문제가 있을 경우에는 '소멸되지 아니하는 것' 칸에 내용이 적혀 있을 것이다. '갑구5번 소유권이전등기청구권가등기는 말소되지 않고 매수인이 인수함'이라는 내용이 적혀 있다. 이해가 어려우니 일단 어려운 용어는 건너뛰고 뒤에 이해할 수 있는 글을 보도록 하자. '만약 가등기된 매매예약이 완결되는 경우에는 매수인이 소유권을 상실하게 됨'이라고 적혀 있다. 이는 매수인(낙찰자)이 소유권을 상실할 수도 있다는 말이다. 내가 돈 주고 집을 샀는데 집주인은 내가 아닐 수도 있다는 뜻이다. 만약에 매각물건명세서에 있는 이 내용을 못 보고 낙찰받았다면 문제가 발생하는 것이다.

그럼 문제가 생겼으므로 취소 신청을 해야 하는데, 이렇게 매각물건명세서에 문제가 될 만한 내용이 적혀 있음에도 무시하고 낙찰받았으니 보증금은 돌려받지 못한다. 이런 물건을 '특수물건'이라고 하는데 특수물건을 다시 분석해서 경매에 참여하는 사람도 있다. 그런데 특수물건은 일반적인 물건보다 공부해야 할 내용이 많다. 그렇기 때문에 경매 초보자는 굳이 특수물건을 선택하지 않는 게 좋다. 이런 물건은 10~20개 중 1개가 나올까 말까 한다. 초보자일 때는 쉽고 깔끔하고 문제가 없는 물건으로 경매를 경험해보는 것을 권장한다.

여기에서 주의할 점이 있다. 보통 경매 사이트는 법원에서 매각물건명세서를 가져와 공개한다. 그런데 가져온 이후에 내용이 바뀔수도 있다. 그래서 나는 입찰하기 일주일 전에 '법원경매정보' 사이트에 들어가 매각물건명세서 원본을 다시 확인한다. 포털에 '대한민국 법원 법원경매정보'를 검색하고 사이트(www.courtauction.go.kr)에 접속한다. 그리고 '경매물건＞경매사건검색'을 클릭하고 법원, 사건번호를 기입하면 매각물건명세서를 볼 수 있다. 경매 사이트에서 봤던 내용과 차이가 없는지 다시 한번 확인만 하면 된다.

요약 정리

- **등기부등본 권리분석** : 매각물건명세서를 통해 해당 물건을 낙찰받았을 때 인수가 되는 권리가 있는지 없는지 확인

03

부동산 몰라도 알아야 하는 임차인 권리

임차인의 권리 1.
대항력

'임차인 권리분석'을 위해서는 우선 임차인의 권리에 대해 알고 있어야 한다. 임차인의 권리에는 '대항력'과 '최우선변제권'이 있다. 이 두 가지는 임차인을 보호하기 위해 「주택임대차보호법」에 규정된 핵심 내용이다. 이 개념을 알고 있어야 내가 물어낼 돈이 있는지 없는지 분석이 가능하다.

'대항력'은 집주인에게 본인의 계약 기간과 보증금을 보장받을 수 있는 권리다. 임차인 본인의 계약 기간과 보증 금액을 보장받을 수 있도록 대항할 수 있는 힘을 말한다. 그런데 이 대항력을 모두가 갖게 되는 것은 아니고 최소 조건이 있다.

    최소 조건은 '점유'와 '전입신고'이다. 점유는 임차인이 집에 살고 있는 것을 뜻한다. 전입신고는 많이 들어봤을 것이다. 이사를 하면 주민센터에 가서 전입신고를 하라고 하는데, 이는 전입신고가 대항력을 갖기 위한 조건 중 하나이기 때문이다. 그러나 전입신고를 했다고 해서 모두 대항력을 갖는 게 아니다. 전입신고가 말소기준보다 빨라야 대항력이 인정된다. 이해하기 쉽게 예시를 들어보겠다.

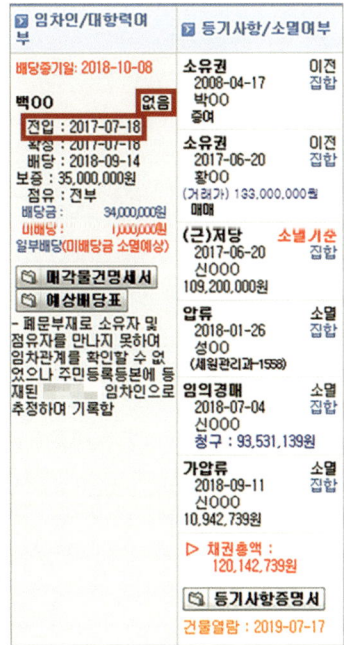

앞의 이미지는 임차인에 대한 정보다. 임차인 이름 밑에 전입신고 날짜가 있다. 이 사례의 경우 2017년 7월 18일이다. 오른쪽에서 말소기준(소멸기준)을 찾아보자. 가장 빠른 말소기준권리는 2017년 6월 20일 근저당이다. 자 이제 두 날짜를 비교하면 끝이다. 전입신고 날짜가 근저당보다 한 달 정도 늦다. 전입신고가 말소기준보다 늦기 때문에 임차인은 대항력이 없다. 대항력이 없기 때문에 임차인은 보증금을 보장받을 권리가 없다. 보장받을 권리가 없기 때문에 낙찰자가 책임질 게 없다. 대항력이 없으면 낙찰자는 임차인에게 물어줄 돈이 없다는 말이다.

다음 두 가지 사례를 같이 한번 살펴보자.

사례 1

전입신고	2018-10-02
근저당(말소기준)	2018-10-03

전입신고가 2018년 10월 2일, 근저당(말소기준)이 2018년 10월 3일이다. 이 문제는 쉬울 것이다. 전입신고가 말소기준보다 빠르기 때문에 대항력이 있다.

사례 2

전입신고	2018-09-17
압류(말소기준)	2018-09-17

전입신고가 2018년 9월 17일, 압류(말소기준)도 마찬가지로 2018년 9월 17일이면 어떨까? 전입신고 날짜와 말소기준 날짜가 같기 때문에 다소 애매하다. 이때는 '대항력이 없다'고 봐야 한다. 전입신고에 의한 효력은 익일 0시부터 발생한다. 그러므로 해당 임차인의 전입신고 효력은 2018년 9월 18일 0시부터 발생하게 된다. 그런데 말소기준은 당일 효력이기 때문에 2018년 9월 17일 그대로 적용된다. 따라서 임차인의 전입신고가 말소기준보다 늦기 때문에 대항력이 없다. 대항력이 없다는 건 보증금을 보장받을 권리가 없기 때문에 낙찰자가 신경 쓸 부분이 없다는 뜻이다.

임차인의 권리 2.
최우선변제권

두 번째 임차인의 권리는 '최우선변제권'이다. 최우선변제권에 해당하는 임차인은 보증금 중 일정액을 낙찰금에서 우선하여 돌려받는다. 다른 채권자들보다 돈을 먼저 준다는 말이다. 최우선변제권은 대항력이 없어도 돈을 받을 수 있는 보호법이다.

예를 들어, 내가 5년 동안 열심히 5천만 원을 모아서 전세로 들어간 집이 있다. 그런데 집이 갑자기 경매로 넘어가게 되었고 내 전입신고 날짜는 말소기준보다 늦기 때문에 대항력이 없다고 한다. 대항력이 없으면 보증금을 보장받을 수 있는 권리가 없기 때문에 보

최우선변제금 조건

개정 일시	지역	최우선변제를 받을 임차보증금의 범위	최우선변제를 받을 금액
1984. 6. 14 제정	서울특별시·직할시	300만 원 이하	300만 원 이하
	기타 지역	200만 원 이하	200만 원 이하
1987. 12. 1 1차 개정	서울특별시·직할시	500만 원 이하	500만 원 이하
	기타 지역	400만 원 이하	400만 원 이하
1990. 2. 19 2차 개정	서울특별시·직할시	2,000만 원 이하	700만 원 이하
	기타 지역	1,500만 원 이하	500만 원 이하
1995. 10. 19 3차 개정	특별시·광역시	3,000만 원 이하	1,200만 원 이하
	기타 지역	2,000만 원 이하	800만 원 이하
2001. 9. 15 4차 개정	수도권 과밀억제권역	4,000만 원 이하	1,600만 원 이하
	광역시	3,500만 원 이하	1,400만 원 이하
	그 밖의 지역	3,000만 원 이하	1,200만 원 이하
2008. 8. 21 5차 개정	수도권 과밀억제권역	6,000만 원 이하	2,000만 원 이하
	광역시	5,000만 원 이하	1,700만 원 이하
	그 밖의 지역	4,000만 원 이하	1,400만 원 이하
2010. 7. 21 6차 개정	서울특별시	7,500만 원 이하	2,500만 원 이하
	수도권 과밀억제권역	6,500만 원 이하	2,200만 원 이하
	광역시 및 안산시·용인시·김포시·광주시	5,500만 원 이하	1,900만 원 이하
	그 밖의 지역	4,000만 원 이하	1,400만 원 이하
2013. 12. 30 7차 개정	서울특별시	9,500만 원 이하	3,200만 원 이하
	수도권 과밀억제권역	8,000만 원 이하	2,700만 원 이하
	광역시 및 안산시·용인시·김포시·광주시	6,000만 원 이하	2,000만 원 이하
	그 밖의 지역	4,500만 원 이하	1,500만 원 이하
2016. 3. 31 8차 개정	서울특별시	1억 원 이하	3,400만 원 이하
	수도권 과밀억제권역	8,000만 원 이하	2,700만 원 이하
	광역시 및 안산시·용인시·김포시·광주시·세종시	6,000만 원 이하	2,000만 원 이하
	그 밖의 지역	5,000만 원 이하	1,700만 원 이하
2018. 9. 18 9차 개정	서울특별시	1억 1,000만 원 이하	3,700만 원 이하
	수도권 과밀억제권역 및 용인시·세종시·화성시	1억 원 이하	3,400만 원 이하
	광역시 및 안산시·김포시·광주시·파주시	6,000만 원 이하	2,000만 원 이하
	그 밖의 지역	5,000만 원 이하	1,700만 원 이하
2021. 5. 11 10차 개정	서울특별시	1억 5,000만 원 이하	5,000만 원 이하
	과밀억제권역 및 용인시·화성시·세종시·김포시	1억 3,000만 원 이하	4,300만 원 이하
	광역시 및 안산시·광주시·파주시·이천·평택	7,000만 원 이하	2,300만 원 이하
	그 밖의 지역	6,000만 원 이하	2,000만 원 이하

증금 5천만 원이 다 날아가게 된다. 이런 상황을 막기 위해 나라에서 최우선변제금으로 보상해주는 것이다.

 단, 대항력에도 조건이 있듯이 최우선변제금에도 조건이 있다. 지역에 따라, 임차인의 보증금 범위에 따라 달라진다. 이 내용은 부동산 경매 투자를 떠나 임차인으로서 알고 있으면 좋다. 조건을 알아보기 위해서는 최우선변제금 표를 볼 줄 알아야 한다. 표를 볼 때는 전입신고 날짜가 아니라 '말소기준 설정일'을 기준으로 봐야 한다.

 왼쪽의 최우선변제금 표를 바탕으로 다음 사례를 살펴보자.

말소기준	2014-05-21
전입신고	2017-07-15
임차인 보증금	8천만 원 (대항력 X)

 서울시 소재의 다세대주택이다. 해당 사례의 임차인은 말소기준보다 전입신고가 늦기 때문에 대항력이 없다. 대항력이 없으니 최우선변제권에 해당되는지 확인해야 한다. 다시 말하지만 최우선변제금 표를 보는 기준은 전입신고 날짜가 아닌 '말소기준 설정일'이다.

 최우선변제금 표에서 말소기준인 2014년 5월 21일이 어디에 해당하는지 찾아보면 된다. 2013~2016년 사이 7차 개정에 해당된다. 그리고 서울에 있는 빌라이기 때문에 서울특별시 조건을 보면 된다. 9,500만 원 이하라고 적혀 있는 곳이 보증금 범위이다. 임차인의 보증금은 8천만 원으로 9,500만 원 이하이기 때문에 해당이 되며 3,200만 원까지 최우선변제금이 보장된다. 만약 임차인의 보증금이 9,500만 원을 넘었다면 전액 소멸이다. 해당 임차인은 보증금 8천만 원 중 3,200만 원을 받고 나머지는 돌려받지 못한다.

중요한 점은 여기서 받는 3,200만 원은 낙찰자가 별도로 줘야 하는 것이 아니라 낙찰금에서 주어진다는 것이다. 대항력이 없고 최우선변제금을 받는다 해도 낙찰자는 신경 쓸 게 없다는 말이다.

또 다른 사례를 통해 한 번 더 확인해보자.

먼저 임차인이 대항력이 있는지 없는지부터 확인하자. 임차인 이름 옆에 대항력 없음을 확인했다. 정말 대항력이 없는지 전입신고 날짜와 말소기준을 비교해보겠다. 전입신고는 2017년 7월 18일이고 말소기준은 가장 빠른 권리인 근저당 2017년 6월 20일이다. 말소기준보다 전입신고가 늦기 때문에 임차인은 대항력이 없다.

우선 임차인은 대항력이 없기 때문에 낙찰자가 보증금 3,500만 원을 책임질 필요가 없다. 그렇다면 임차인이 최우선변제권에 해당되는지 확인해보자. 앞서 살펴본 최우선변제금 표를 확인해보면 된다.

말소기준인 2017년 6월 20일은 8차 개정 내용을 보면 된다. 해당 물건은 서울이기 때문에 서울특별시를 기준으로 본다. 임차인의 보증금은 3,500만 원이고 1억 원 이하이기 때문에 해당된다. 3,400만 원까지 보장이 된다고 적혀 있다.

임차인 정보를 다시 보면 원래 임차인은 대항력이 없어서 보증금 3,500만 원이 소멸되고 돌려받지 못한다. 그런데 아래 보면 '배당금 3,400만 원 미배당금 100만 원', '일부 배당이 되고 미배당금은 소멸이 예상된다'라고 적혀 있다. 임차인은 최우선변제권 해당자로 표에 있던 조건에 의해 3,400만 원을 받고 100만 원은 소멸된다. 이런 식으로 분석하는 것이다. 최우선변제권에 해당되는 배당금은 낙찰금에서 주어지기 때문에 이 또한 낙찰자가 추가로 주는 게 아니다.

위와 같은 부동산은 내가 가장 좋아하는 물건이다. 임차인은 대항력이 없어 낙찰자가 책임질 게 없는 깔끔한 집이면서 임차인도 최우선변제권으로 인해 큰 손해가 없다. 그래서 좋은 케이스다. 한번 생각해보자. 당신이 보증금을 거의 돌려받지 못한다고 하면 순순히 집을 비워줄 수 있을까?

> **요약 정리**
>
> - 임차인의 권리 : '대항력'과 '최우선변제권'
>   - **대항력** : 계약 기간과 보증금을 보장받을 수 있는 권리
>   - **최우선변제권** : 임차인의 대항력이 없어도 보증금 중 일정 금액을 받을 수 있는 권리

간단한
임차인 권리분석

임차인
권리분석

임차인의 권리에 대해 알고 있다면 이제 권리분석이 가능하다. 공부한 내용을 간단하게 되짚어보겠다. 대항력은 보증금을 보장받을 수 있는 권리로, '점유'와 '전입신고'라는 요건을 갖추어야 한다. 그러나 전입신고가 말소기준 설정일보다 앞서야 대항력이 있고, 늦으면 대항력이 없다. 대항력이 없다는 것은 임차인이 보증금을 보장받을 권리가 없다는 뜻이기 때문에 낙찰자가 책임질 게 없다. 최우선변제권은 임차인 보호를 위해 대항력이 없어도 일정한 돈을 받을 수 있는 권리이며 낙찰금에서 주어진다.

임차인의 권리분석은 낙찰자가 책임져야 할 돈이 있는지 없는지를 판단하는 단계이고, 두 가지 방법으로 나뉜다.

1. 경매 사이트 요약 확인하기
2. 매각물건명세서 분석하기

경매 사이트에 있는 요약된 부분을 먼저 확인하고 매각물건명세서를 통해 직접 분석해야 한다. 요약된 내용은 사람이 정리하는 것이라 간혹 실수가 있을 수 있다. 그래서 매각물건명세서를 통해서 재확인을 해야 한다.

먼저 경매 사이트에서 요약지를 본다.

임차인 이름 옆에 '있음/없음'을 먼저 확인한다. '있음/없음'은 대항력이 있는지 없는지를 말한다. 표를 보면 '없음'이라고 쓰여 있다. 대항력이 진짜 없는지는 직접 확인해보면 된다. 임차인의 전입신고와 말소기준 설정일을 비교해보자. 전입신고가 2017년 7월 18일, 근저당 소멸기준은 2017년 6월 20일이다. 두 날짜를 비교해봤을 때 전입신고가 한 달 정도 늦기 때문에 대항력이 없다. 이렇게 직접 전입신고와 말소기준 설정일을 분석해봐야 한다.

요약된 정보를 봤으면 다음으로 매각물건명세서를 통해 확실하게 확인할 것이다.

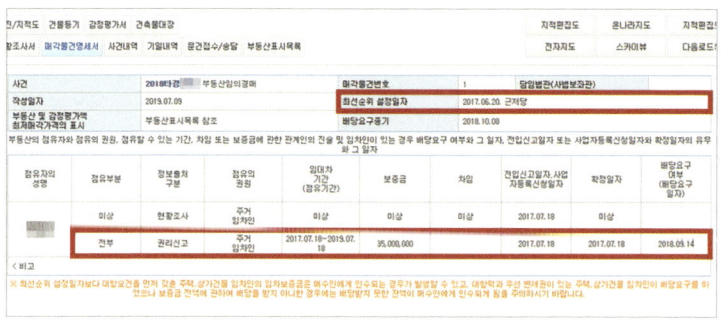

매각물건명세서 위쪽에 '최선순위 설정일자'라고 적혀 있는데 이게 말소기준이다. '2017년 6월 20일 근저당'이라고 적혀 있다. 그리고 아래에 있는 부분이 임차인에 대한 정보다. 표에는 현황조사도 있고 권리신고도 있는데 현황조사는 참고만 하고 권리신고가 된 부분을 보면 된다. 권리신고가 된 부분을 따라가다 보면 전입신고일자가 적혀 있다. 전입신고일자 2017년 7월 18일과 최선순위 설정일자를 비교하면 된다. 전입신고가 한 달 정도 느리므로 임차인은 대항력이 없다고 최종적으로 확인되었다.

요약 정리

- **임차인의 권리분석** : 경매 사이트 요약 확인, 매각물건명세서 재확인

대항력 있는 임차인 권리분석

대항력 있는 임차인이 보증금 돌려받는 방법

임차인 권리분석은 낙찰자가 물어낼 돈이 있는지 없는지 판단하는 단계이다. 대항력이 없는 임차인은 보증금이 소멸되기 때문에 낙찰자가 신경 쓸 게 없다. 하지만 대항력이 있는 임차인은 낙찰자가 보증금에 대해 책임을 져야 할 수도 있다. 우선 대항력 있는 임차인이 보증금을 돌려받는 방법에 대해 알고 있어야 한다.

첫 번째, 낙찰금에서 배당받겠다고 한 임차인이 있다. 법원이 낙찰금을 받으면 채권자와 임차인에게 돈을 나눠주는데 이걸 배당이라고 한다. 두 번째, 낙찰자에게 받겠다고 하는 임차인도 있다. 임차인이 낙찰금에서는 받지 않고 다음 소유자에게 돈을 받겠다고 하는 것이다. 이런 경우 낙찰자가 주의해야 한다. 낙찰자가 집을 살 때 냈던 낙찰금 외에 돈이 추가로 들어가기 때문이다. 명심하자. '대항력이 있는 임차인'은 잘 확인해야 한다.

그렇다면 임차인이 보증금을 낙찰금에서 받을지 낙찰자에게 받을지는 어떻게 알 수 있을까? 바로 '임차인의 배당신청 여부'로 판단할 수 있다.

이 사례를 통해 살펴보자. 우선 임차인 이름 오른쪽에 대항력이 있다고 적혀 있다. 전입신고와 말소기준을 확인해보니 전입신고가

말소기준보다 빠르기 때문에 대항력이 있다. 임차인은 보증금을 보장받을 수 있는 권리가 있다는 말이다.

그렇다면 이제 배당신청을 했는지 보면 된다. 임차인 이름 위에 배당종기일이 적혀 있다. 임차인의 배당신청을 보기 위해서 임차인 이름 아래에 있는 배당 날짜를 확인한다. 배당종기일 안에 배당신청을 했으면 임차인은 낙찰금에서 받겠다고 이야기를 한 것과 같다. 만약 임차인이 배당종기일 안에 배당신청을 하지 않았으면 낙찰자에게 받겠다고 이야기를 한 것과 같다.

더 자세하게 설명해보겠다. 대항력이 있는 임차인이 배당종기일 안에 배당신청을 했을 때, 낙찰금에서 모든 보증금을 받는 경우도 있고 일부만 받는 경우도 있다. 이것은 '배당순서'에 따라 결정된다. 배당신청을 하지 않은 경우에는 낙찰자에게 보증금을 받겠다고 한 것이다. 이런 경우 낙찰자가 보증금을 인수하게 되어 책임을 져야 한다.

배당순서는 다음과 같다.

1. 법원은 낙찰금을 임차인과 채권자에게 나눠준다.
2. 낙찰금을 임차인, 채권자에게 나눠줄 때 순서를 정해야 한다.
3. 배당순서는 임차인의 확정일자와 채권자의 채권 설정일자로 결정된다.

법원이 낙찰금을 받아서 임차인과 채권자들에게 돈을 나눠주는 걸 '배당'이라고 한다. 그런데 법원이 임의로 누구에게는 돈을 많이 주고 누구에게는 조금 주거나 할 수 없기 때문에 배당순서를 정한다. 이

순서의 기준은 임차인의 '확정일자'와 채권자의 '채권 설정일자'이다. 확정일자는 경매 정보지 임차인 이름 아래에서 확인할 수 있다. 임차인의 확정일자와 채권자의 설정일자를 비교해서 배당순서를 정하는 것이다. 배당순서에 대한 개념은 꼭 기억해두길 바란다.

다시 돌아와서 배당신청한 임차인은 낙찰금에서 보증금을 받게 되는데, 일부 배당되는 경우와 전액 배당되는 경우를 각각 살펴보겠다.

사례 1

임차인/대항력여부	등기사항/소멸여부
배당종기일: 2019-08-14 문■■ 있음 전입: 2016-09-29 확정: 2016-09-28 배당: 2019-06-26 보증: 270,000,000원 점유: 목적물 전부 배당금: 256,984,600원 미배당: 13,015,400원 일부배당(미배당금 인수)예상 ⬜ 매각물건명세서 ⬜ 예상배당표 * 압류의 법정기일이 빠른 경우 또는 교부청구(당해세)로 대항력있는 임차인의 경우 전액배당 안될시 인수금액 발생할수있음.	소유권 이전 2016-08-22 집합 ■■건설 소유권 이전 2016-10-17 집합 유한■■ 매매 (근)저당 소멸기준 2016-10-31 집합 조합자산관리 회사 200,000,000원 압류 소멸 2018-03-13 집합 서울특별시은평구 (세무■■) 가압류 소멸 2018-08-29 집합 중소기업■■ 70,760,143원

이 사례를 보면 임차인 이름 옆에 대항력이 있다. 재확인을 위해 직접 분석해보자. 전입신고 2016-09-29 그리고 말소기준 2016-10-31

두 가지를 비교해보면 전입신고가 한 달 정도 빠르다. 해당 임차인은 대항력이 있고, 대항력이 있으면 배당신청을 했는지 보면 된다.

배당종기일은 2019-08-14, 배당 날짜는 2019-06-26이므로 배당신청을 한 상태이다. 보증금 2억 7천만 원을 낙찰금에서 다 받겠다고 말한 것과 같다. 그런데 바로 아래에 배당금 2억 5,600만 원, 미배당금 1,300만 원이라고 적혀 있다. 일부 배당되고 미배당금은 인수가 예상된다. 임차인은 낙찰금에서 전액을 받지 못하고 남은 미배당금은 낙찰자가 인수해야 한다는 말이다. 이런 부동산은 낙찰자 입장에서 문제가 있다. 대항력이 있지만 낙찰금에서 돈을 못 받는 임차인이 있는 경우 대출이 안 나올 수도 있기 때문에 조심해야 한다.

두 번째 사례를 보겠다.

임차인 이름 옆에 대항력이 있다고 적혀 있다. 전입신고는 2015-08-18이고 말소기준이 2018-07-13이다. 전입신고가 말소기준보다 빠르기 때문에 이 임차인은 대항력이 있다. 이제 배당신청을 했는지 확인하면 된다. 배당종기일 2018-09-17, 배당신청이 2018-08-14이기 때문에 배당신청을 한 상태다. 해당 임차인은 보증금 1억 3,500만 원을 낙찰금에서 받겠다고 말한 것과 같다. 밑에 보면 배당금 1억 3,500만 원 전액 배당으로 소멸이 예상된다. 임차인은 낙찰금에서 보증금을 다 받는다는 말이다. 이런 경우 낙찰자가 책임질 게 없다.

대항력 있는 임차인
권리분석 방법

대항력이 있는 임차인을 분석하는 방법을 순서대로 복습해보겠다.

1. 말소기준을 찾는다.
2. 말소기준보다 전입신고를 빨리 했으면 대항력을 가지고 있다.
3. 배당신청을 배당종기일 안에 신청했는지 여부를 파악한다.

만약 임차인이 배당종기일 안에 배당신청을 안 했다면 낙찰금이 아닌 낙찰자에게 돈을 받겠다고 말한 것과 같기 때문에 이 물건은 주의해야 한다. 낙찰자가 임차인 보증금을 인수해야 하기 때문이다. 배당신청을 했다면 낙찰금에서 받겠다고 한 것이다. 이제 우리는 배당 순서를 분석하고 임차인이 낙찰금에서 돈을 다 받을 수 있는지, 아니면 일부만 받는지를 확인하면 된다.

그런데 이때도 주의할 점이 몇 가지 더 있다. 낙찰금에서 가장 먼저 배당되는 부분들이 있으니 이 내용을 한번 짚고 넘어가자.

<mark>1순위는 경매실행비용이다.</mark> 경매실행비용은 경매를 진행하는 데 들어가는 비용으로 보통 300만~500만 원 정도다. 그런데 경매실행비용은 사건마다 다르기 때문에 금액 차이가 있다.

<mark>2순위는 필요비와 유익비다.</mark> '필요비'는 집을 보존하기 위해 반드시 지출이 필요한 비용이다. 예를 들어 보일러가 망가지거나 바람이 강하게 불어서 창문이 깨졌을 경우에 대한 수리비가 필요비에 해당한다. '유익비'는 반드시 필요하지는 않지만 수리를 하면 집의 가치를 올려줄 수 있는 도배나 장판을 새로 하는 데 드는 비용을 말한다.

예를 들어 집주인이 세 들어 살고 있는 사람에게 우선 수리를 한 다음에 영수증을 따로 첨부하면 돈을 보내주겠다고 했다. 임차인은 그 말만 믿고 본인 돈으로 수리를 하고 영수증을 받아두었는데 갑자기 집이 경매로 넘어가게 된 경우를 생각해보자. 이때 임차인은 수리비를 돌려받기 위해 경매 법원에 영수증을 제출하면 경매실행비용 다음으로 필요비 또는 유익비를 지급받게 된다.

<mark>3순위는 특수임금채권과 재해보상금이다.</mark> 특수임금채권은 최종 3개월분의 임금과 최종 3년간의 퇴직금을 말하고, 재해보상금은 기존 근로자가 일하다가 다치거나 질병에 걸렸을 때 사용자로부터 보

상받는 돈을 말한다. 채무자가 사업을 하고 있고 그 사업체의 근로자가 앞의 사유에 해당하면 3순위로 주겠다는 것이다.

1순위인 경매실행비용은 모든 경매 물건에 적용되기 때문에 항상 고려해야 하고, 2순위나 3순위의 경우는 흔하지 않기 때문에 경매사이트 요약 내용이나 현황조사서, 매각물건명세서의 정보를 확인하면 알 수 있다. 정보지에 빨간 글씨가 쓰여 있을 경우 주의 깊게 읽어보고 이러한 필요비와 유익비, 특수임금채권, 재해보상금이 적혀 있는지를 확인하면 된다.

자, 이제 본격적으로 대항력 있는 임차인 권리분석을 익혀보자.

1. 말소기준보다 확정일자가 빠른 경우

대항력이 있는 임차인이 배당신청을 한 경우 중에서도 가장 빠른 말소기준보다 임차인의 확정일자가 빠른 경우를 보겠다. 이런 경우 임차인의 보증금과 예상 낙찰가를 비교하면 된다.

임차인 보증금	5천만 원
나의 입찰가	6천만 원

예를 들어, 임차인의 보증금이 5천만 원이고 나의 입찰가는 6천만 원이다. 나의 입찰가로 낙찰이 되면 6천만 원이 낙찰금이 된다. 필요비와 유익비, 특수임금채권이 없다면 경매실행비용만 먼저 빼주면 된다. 낙찰금 6천만 원에서 경매실행비용 300만~500만 원을 빼도 임

차인은 충분히 보증금 5천만 원을 낙찰금에서 다 받을 수 있다고 분석이 된다. 그렇게 되면 낙찰자는 책임질 돈이 없다.

2. 말소기준보다 확정일자가 늦은 경우

말소기준권리 설정일보다 확정일자가 늦은 경우에는 확정일자와 말소기준 설정일을 비교해서 순서를 확인하고, 보증금을 다 받는지 계산해봐야 한다.

나의 입찰가	1억 원
임차인 확정일자	2019-05-15 (보증금 5천만 원)
근저당 설정일자	2018-07-15 (7천만 원)
압류 설정일자	2019-06-15 (5천만 원)

예를 들어 입찰가는 1억 원, 임차인의 확정일자는 2019-05-15이고 보증금은 5천만 원이다. 이 집의 말소기준권리를 보니 근저당 설정일자가 2018-07-15(7천만 원), 압류 설정일자가 2019-06-15(5천만 원)이다. 배당순서를 계산해보면 근저당이 가장 빠르고 그다음에 임차인, 그리고 압류다.

이제 낙찰가에서 나가는 돈을 계산해보면 된다. 1억 원에서 가장 먼저 나가는 것은 경매실행비용 300만~500만 원이다. 경매실행비용을 빼고 1순위인 근저당 7천만 원을 빼면 2,500만~2,700만 원이 남는다. 남은 돈으로 2순위인 임차인에게 배당이 된다. 배당을 받아도 임차인 보증금 2,500만 원 정도가 남는데, 이 돈은 낙찰자가 물어줘야 한다. 임차인은 대항력이 있으므로 보증금을 전부 다 받아야 하기 때문이다. 그런데 낙찰금에서 다 받지 못하게 되었으니 새로운 소유자에게 남은 보증금을 받을 수 있는 권리가 생긴다. 이러한 경우는 낙찰자에게 문제가 생길 수 있다. 이렇게 낙찰자가 물어낼 돈이 있는 경우 대출이 제대로 나오지 않을 수도 있다.

이러한 이유로 나는 '대항력이 없고, 최우선변제권으로 손해를 거의 보지 않는 임차인' 케이스를 선호한다. 깔끔하기 때문이다. 반면 문제가 생길 수 있어 개인적으로 ==접근 금지 물건==으로 설정한 것들은 다음과 같다.

1. 대항력이 있고 배당신청을 안 한 경우
2. 대항력이 있고 배당신청을 했으나 확정일자가 늦어 배당을 다 못 받는 경우
3. 대항력이 있고 배당신청까지 했는데 확정일자가 없는 경우

확정일자가 없다면 배당순서에서 뒤로 밀려난다. 임차인의 보증금은 낙찰금에서 받을 확률이 극히 낮다. 이런 물건은 주의해야 한다. 반대로 ==접근하기 좋은 물건==도 있다.

1. 전입신고가 말소기준보다 늦어서 대항력이 없는 경우

2. 전입신고를 안 하고 확정일자만 받은 경우

3. 대항력이 있는 임차인이 배당신청을 했고 확정일자가 빨라서 낙찰금에서 배당을 다 받는 경우

4. 현재 채무자(소유자)가 살고 있는 경우

전입신고를 안 했다면 대항력이 없기 때문에 확정일자를 받아도 아무 의미가 없다. 또한 그 집의 소유자가 살고 있는 경우 보증금이라는 개념이 없으므로 낙찰자가 물어낼 돈이 없다.

추가적으로 전입신고보다 확정일자가 빠른 경우가 있는데 이런 경우 기준은 전입신고가 된다. 예를 들어 전입신고가 2018-05-11이며 확정일자가 2018-02-10로 되어 있는 경우, 전입신고가 기준이 되기 때문에 확정일자는 2018-05-11이 된다. 확정일자 순서를 계산할 때 2018-02-10로 계산하면 안 된다는 것을 주의하자.

Chapter 5

직장 다니며 좋은 물건 찾아보자!

01

인터넷으로 끝내는 물건 조사 방법

감정평가서와 인터넷 지도 이용하기

권리분석이 끝났으면 거의 다 온 것이다. 권리적으로 문제가 없다고 판단했다면 이제 물건을 분석해서 집의 상태를 확인하면 된다. 물건 분석 방법은 세 가지로 나뉜다.

> 1. 감정평가서와 인터넷 지도를 이용하여 집의 상태, 주변 환경, 교통 등 인프라를 확인한다.

2. 인터넷과 부동산을 이용하여 시세를 조사한다.
3. 직접 부동산 현장에 가서 상태를 확인한다(임장).

　권리분석에서는 서류상 볼 수 있는 내부적인 문제를 봤다면 이제 실질적으로 부동산 가치에 영향을 줄 수 있는 외부적인 정보들을 모을 것이다. 이러한 정보들은 나중에 입찰가를 정할 때 도움이 되는 정보이기 때문에 정확하게 조사해야 한다.

　먼저 감정평가서를 이용해서 건물의 외관과 내부 방 구조도를 확인한다. 감정평가서에는 감정평가사가 찍어 온 사진들이 있는데 이 사진들을 확인하고, 인터넷 지도를 이용하여 주변에 어떤 인프라가 있는지 체크하면 된다.

　아래는 감정평가서에 있는 사진들이다. 우선 건물 외관과 현관문 등을 체크하면서 참고만 한다. '아, 건물이 이렇게 생겼구나', '현관문이 이렇구나' 정도만 보면 된다. 그다음 중요한 게 있다. 내부 방 구조

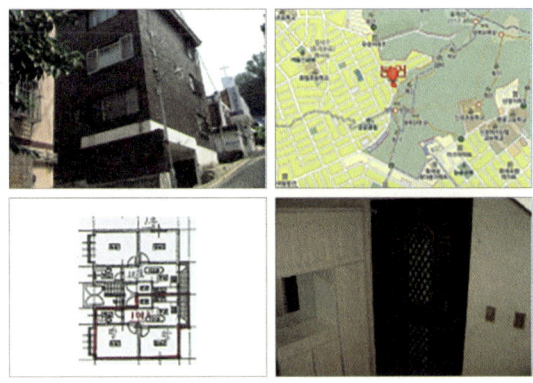

도를 보는 것이다. 경매의 단점은 집 안을 볼 수가 없다는 것이다. 물론 많은 경매 교육 프로그램에서는 집에 찾아가 초인종을 누르고 내부를 확인해보는 것이 좋다고 말한다. 그런데 이렇게 낯선 집의 문을 두드리고 대화를 거는 방식은 내성적인 내 성향과 맞지 않았다. 그래서 효율적으로 조사하는 방법을 생각하다가 감정평가서에 있는 사진을 통해서 내부 방 구조도가 어떻게 되어 있는지 확인했다. 혹시라도 문제가 있는 집이면 고치면 된다는 마인드로 최대한 힘을 뺄 수 있는 방법을 찾은 것이다. 물론 집 안을 볼 수 있다면 보는 게 좋다.

나는 방 구조도 사진을 보고 건물이 네모나게 지어져 있는지 확인한다. 가끔씩 삼각형으로 지어진 경우가 있는데 이런 집은 선호하지 않는다. 그다음으로 발코니가 몇 개 있는지 확인한다. 발코니가 많을수록 좋지만 없어도 상관은 없다. 발코니는 전용면적 즉, 실평수에 포함이 되지 않기 때문에 발코니가 한두 개 있을 경우 실평수에 비해 집이 더 커 보이는 효과가 있다. 따라서 발코니는 많을수록 좋다.

그다음에 방 개수를 확인하면 된다. 방 개수는 중요하다. 똑같은 평수라도 방이 하나 더 있으면 활용도가 높기 때문에 사람들이 선호하고 그만큼 수요가 높다. 예를 들어 전용면적 15평 집을 보고 있는데 어떤 집은 투룸이고 어떤 집은 쓰리룸이면 무조건 쓰리룸인 집으로 들어가야 한다. 보통 12~15평부터는 쓰리룸이 가능해서 해당 평수에서부터는 쓰리룸으로 찾아보는 게 좋다. 이렇게 감정평가서에 있는 사진을 통해 다양한 요소들을 확인할 수 있다.

감정평가서를 다 봤다면 지도를 통해서 집 주변에 어떤 인프라가 있는지를 보고 수요가 있을 만한 동네인지 확인한다. 나는 교통편을 먼저 확인한다. 집 근처에 지하철역이 있다면 역까지 얼마나 걸리는지, 버스 정류장이 있으면 걸어서 얼마나 걸리는지 보는 것이다.

그리고 집 주변에 학교가 있는지 본다. 학교가 있다는 건 학생들이 있다는 것이고 학생들이 있다는 건 같이 살고 있는 가족들이 있다는 말이다. 학교가 많으면 동네에 어느 정도 수요가 있다고 예측이 가능하다.

마지막으로 백화점, 영화관, 마트 등의 편의시설을 살핀다. 이런 편의시설은 있으면 좋지만 없어도 크게 상관없다. 자주 이용하는 것들은 아니기 때문이다. 중요한 건 대중교통과 학교다. 그래서 나는 교통편과 학교를 중점으로 본다. 아, 집 근처에 시장이 있다면 아주 좋은 보너스다.

요약 정리

1. **감정평가서** : 건물의 외관과 방 구조도 확인
2. **인터넷 지도** : 인프라 확인(교통편, 학교, 편의시설 등)

하루 만에 끝내는 시세 조사

인터넷과 전화를 이용한 시세 조사

권리분석과 물건 조사가 끝나면 시세 조사를 해야 한다. 내가 실제로 쓰는 시세 조사 방법을 공개하겠다. 일단 조사에 앞서 큰 방향을 먼저 정해야 한다. 나는 보증금과 월세만 조사한다. 나의 목적은 '임대 수익'이기 때문에 보증금, 월세를 중심으로 시세를 파악하는 것이다. 만약 시세 차익을 위해 매매가를 알고 싶다면 추가적으로 조사를 하면 된다.

조사를 할 때는 보수적인 기준을 잡는 것을 권장한다. 예를 들어 월세 조사를 했는데 500/40, 500/45, 500/50 이렇게 월세가 다양하게 나왔다고 가정해보자. 그러면 500/50으로 잡고 입찰가를 정하는 것이 아니라, 보수적으로 500/40을 잡고 입찰가를 정하는 것이다. 500/50이라고 계산을 한 상태에서 나중에 임차인을 받을 때 방이 잘 나가지 않으면 스트레스를 받을 수 있다. 대신 500/40을 받을 것이라고 생각하고 낙찰을 받은 뒤, 방을 내놓을 때는 500/50으로 시작한다. 처음에는 500/50으로 내놓고 반응이 없으면 500/45, 500/40까지 천천히 월세를 내리면서 반응을 보는 것이다.

시세 조사 방법은 크게 두 가지가 있다.

1. 인터넷 방 구하기 플랫폼을 이용한다.
2. 공인중개사 사무소에 전화해서 직접 조사한다.

첫 번째, 인터넷 시세 조사다. 나는 다방, 직방, 피터팬의 좋은 방 구하기 등 인터넷에 있는 방 구하기 플랫폼을 이용한다. 사이트에 들어가서 내가 조사하는 집과 비슷한 위치, 평수를 기입하고 그와 비슷한 매물을 찾으면 된다. 반지하면 반지하, 지상층이면 지상층 그리고 평수, 방수, 위치를 최대한 비슷한 걸 찾아 월세와 보증금을 조사하는 식이다. 구옥 빌라를 조사하면서 준신축이나 신축급과 비교하면 안 된다. 최대한 비슷한 매물을 찾고 조건, 보증금/월세를 따로 적어두면 된다. 이렇게 인터넷으로 조사를 하고서도 확실하지 않은 느낌이라면 전화 조사로 넘어간다.

두 번째, 전화 시세 조사다. 전화 조사는 직접 공인중개사 사무소에 가지 않아도 된다는 장점이 있다. 공인중개사 사무소에 방문하면 불필요한 시간이 너무 많이 소요되기 때문에 가급적이면 전화로 조사하는 게 편하다. 전화 조사의 또 다른 장점은 전국적으로 조사가 가능하다는 것이다. 대신 '부동산 경매 때문에 전화했다'고 말하면 잘 알려주지 않으니 주의하자.

나는 처음 전화 조사를 했을 때 너무 떨려서 전화하기 전에 한 시간 동안 고민했던 기억이 있다. 그러다 어렵게 전화를 걸었는데 '경매하는 분 아니냐'는 중개사의 말에 깜짝 놀라서 전화를 바로 끊어버린 일도 있다. 그러나 이제는 마음 편하게 전화를 걸어 조사한다.

손님인 것처럼 전화를 걸면 쉽다. 내가 정말 그 동네에 집을 구하는 사람인 것처럼 이야기를 하면 대부분 잘 알려준다. 일단 인터넷 지도에서 해당 주소와 인근 공인중개사 사무소를 검색한 후, 그중에서 두세 군데를 골라 전화를 한다. 전화하기 전에 미리 알고 있어야 하는 건 집 주변의 랜드마크다. 예를 들어 집 근처에 초등학교가 있으면 그게 랜드마크가 된다. 그다음 월세 조건, 거주 인원 정도의 시나리오를 미리 생각해두는 것이 좋다.

"여보세요, 방 좀 보려고 합니다. ○○초등학교(랜드마크) 근처 쓰리룸 구하려고 하는데 방 있나요?" 이런 식으로 물어보면 자연스럽게 대화가 진행된다. 공인중개사는 아마 '몇 평을 원하냐', '돈은 어느 정도 있냐' 등의 조건을 물어볼 것이다. 이때 미리 준비한 시나리오대로

"부모님이랑 같이 살 집을 찾고 있어요. 15평 정도로 구하고 있고 보증금은 500만 원 월세는 40만~50만 원 생각 중입니다."라고 말한다. 여기서 시세는 인터넷 조사로 알아봤던 정보를 바탕으로 이야기하면 된다.

어느 정도 대화를 하다 보면 사장님이 사무실에 한번 방문하라고 할 것이다. 이때 당황하지 말고 "지금 지방 출장을 나와 있어서 그런데 혹시 집 내부를 찍어둔 사진 있으면 사진이랑 금액을 문자로 보내줄 수 있나요?"라고 물어본다. 가능하다고 하면 문자를 받아 추가적으로 시세 조사를 하면 된다.

이렇게 인터넷과 전화로 시세 조사를 마무리하고, 현장 조사를 하는 날에 근처 공인중개사 사무소 한두 군데에 들어가서 더 물어봐도 좋다.

요약 정리

1. 인터넷 조사 : 방 구하기 플랫폼 이용
2. 전화 조사 : 손님인 척 시나리오를 만들고 전화

03

여행하듯 임장하기

눈으로 보고 느끼는 현장 조사

권리분석, 물건 조사, 시세 조사가 끝났다면 해당 집으로 직접 가서 현장을 조사하는 '임장'이 남았다. 임장을 꼭 해야 하는 이유가 있다. 경매에 물건이 올라와 있으나 간혹 화재 등으로 사라진 경우도 있고, 파손되어 있을 수도 있기 때문이다. 직접 현장에 가서 집이 잘 보존되어 있는지 반드시 확인하고 다른 요소들도 체크해야 한다. 임장을 할 때는 가장 편한 운동화와 복장을 준비하고 핸드폰을 챙겨 출발한다.

핸드폰을 가져가는 이유는 특이 사항을 메모하거나 물건의 특징 등을 사진, 동영상으로 찍기 위해서다.

임장에서 꼭 체크해야 할 네 가지가 있다.

1. 건물 외관 및 내부

감정평가서에 있는 사진을 통해 건물 외관과 현관문을 확인했다. 하지만 사진으로만 확인하기에는 한계가 있다. 직접 방문해서 현관문도 보고, 계단도 걸어보고, 빌라 내부 환경도 살펴보고, 옥상도 살펴보면 좋다.

간혹 관리가 잘 안 되어서 악취가 심한 곳도 있다. 냄새가 너무 심하면 임차인들이 보러 와서 계약할 확률이 줄어든다. 청소를 직접 할 게 아니라면 이런 곳은 주의해야 한다. 만약 빌라 꼭대기 층을 사고 싶을 경우 옥상에 가서 누수 방지가 되어 있는지 확인해야 한다. 누수 방지용 초록색 페인트가 칠해져 있으면 되는데, 만약 페인트가 부분 부분 까져 있거나 벗겨져 있으면 나중에 누수 방지 공사를 추가로 해야 할 수도 있다는 것을 감안해야 한다.

반지하는 해당 호실 바깥쪽 창문 주변의 바닥이 깨져 있는지 확인해야 한다. 바닥이 깨져 있다면 비가 왔을 때 그쪽으로 물이 들어가 벽지가 다 젖을 수도 있다. 추가적으로 현관문 위쪽에 물 자국이 있거나 물이 떨어지고 있으면 누수 자국이니 주의하자. 반지하는 햇빛보다 창문의 크기가 중요하다. 창문의 면적이 밖으로 많이 드러나 있고 클수록 좋다.

2. 대중교통

인터넷 조사에서 근처 버스 정류장과 지하철역을 확인했다. 현장 조사에서는 그 길을 실제로 한번 걸어가본다. 버스 정류장까지 얼마나 걸리는지, 지하철역까지 얼마나 걸리는지, 버스를 이용했을 때는 지하철역까지 얼마나 걸리는지, 이 정도만 확인해두면 좋다.

3. 주변 부동산 시세

다음으로 주변에 있는 부동산 시세를 확인한다. 부동산 시세를 확인하기 위해 공인중개사 사무소를 꼭 들어갈 필요는 없다. 나는 공인중개사 사무소 벽에 붙어 있는 벽보지를 확인한 다음 내 물건과 비슷한 조건이 있으면 거기서 비교해보거나 사진을 찍어와서 참고했다. 물론 가능하다면 공인중개사 사무소 한두 군데에 들어가서 사장님과 대화하면서 시세를 물어봐도 좋다. 동료들 중에서는 박카스 한 박스를 사 들고 가서 시세를 물어보는 사람도 있었다.

4. 주변 공실률

가장 중요한 것은 공실 체크인데, 이것이 바로 내가 생각하는 '임장의 꽃'이다. 공실 체크란 주변에 있는 집이 얼마나 비어 있는지 확인하는 단계이다. 동네의 공실률이 높으면 집을 아무리 싸게 낙찰받아도 의미가 없다. 들어오는 사람이 없기 때문이다.

나는 동네 공실률이 5% 이하면 괜찮은 수치라고 본다. 예를 들어 40개의 호실을 확인했는데 2개가 공실일 경우 공실률은 5%다. 그렇

 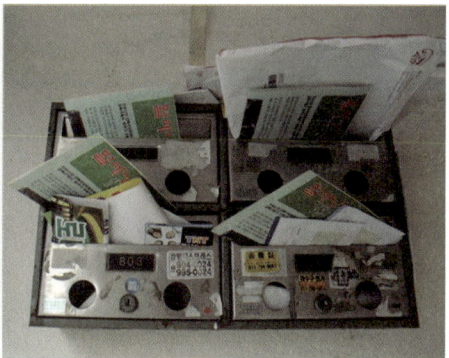

▲ 현관문과 우편함에 쌓인 전단지

다면 이 동네는 어느 정도 수요가 있다고 볼 수 있다. 해당 집 근처에서 5분 이내 집들은 다 체크한다. 평균적으로 5~10개 건물을 확인하면 좋다.

공실률을 알아보는 방법 중 하나는 현관문과 우편함의 전단지를 확인하는 것이다. 현관문에 전단지가 가득 붙어 있거나 우편함에 우편물이 쌓여 있을 경우 해당 호실은 공실로 간주한다. 그런데 이것도 일일이 다 확인하려면 만만치 않다. 연식이 있는 빌라 같은 경우 엘리베이터가 없어서 오르락내리락 해야 하니 더욱 쉽지 않다. 그래서 생각한 게 두 번째 방법이다.

두 번째 방법은 가스계량기를 확인하는 것이다. 가스계량기는 빌라 건물 외벽에 있다. 건물을 한 바퀴 돌아보면 찾을 수 있는데, 만약에 바로 보이지 않는다면 함 속에 들어가 있는 경우다. 함을 열어봐도 괜찮으니 열어서 확인해보면 된다. 가스계량기를 보면 밸브가 있는

▲ 건물 외벽의 가스계량기

데 세로로 돌아가 있으면 가스가 공급되고 있기 때문에 사람이 살고 있다고 본다. 가로로 돌아가 있거나 밸브가 아예 없고 고무 마개로 막혀 있는 경우는 가스가 잠긴 것으로, 사람이 살고 있지 않다고 간주한다. 일반적으로 사람이 살고 있는데 가스를 잠그지는 않을 것이다. 가스가 잠겨 있다면 불, 보일러, 온수를 사용할 수 없기 때문이다. 보통 이사 갈 때 가스 담당관이 빈집의 가스 밸브를 잠가둔다.

실제 현장 조사
세 가지 사례

내가 임장했던 사례 세 가지를 준비했다. 실제로 어떻게 임장을 하고 기록하는지 같이 살펴보자.

1. 인천 만수동 90년식 반지하 빌라

인기가 많은 동네는 아니지만 지하철과 가깝다는 장점이 있었다. 창문 주변의 바닥을 봤는데 깨지고 박살 난 곳이 있어서 비가 오면 누수 가능성이 있다고 판단했다. 창문 틀을 '새시(sash)'라고 하는데 이곳은 새시가 나무로 되어 있었다. 창이 옛날 나무 새시라면 집 내부도 수리가 안 되어 있을 가능성이 높다. 그래서 수리비가 많이 들어갈 것 같다는 생각이 들었다. 새시도 새로 교체하려면 비용이 만만치 않다. 새시 교체는 보통 100만~200만 원 정도지만 해당 집의 창문은 워낙 커서 비용이 더 들어갈 것으로 보였다. 수리비가 많이 들어가는 것에 비해 상대적으로 임대료가 너무 저렴했다. 이런 이유로 이 집은 입찰에 참여하지 않았다.

2. 인천 청천동 99년식 4층 빌라

이 물건은 꼭대기 층이기 때문에 옥상에 올라가서 누수 방지가 되어 있는지 확인을 했다. 누수 페인트가 구석구석 조금씩 까져 있었다. 누수 방지 처리를 해야 하는 것을 감안해서 그 비용을 대략 100만 원 정도로 잡았다. 옥상 누수 페인트는 나 혼자 다 내는 게 아니라 전체 호실이나 앞 호실과 나눠서 진행할 수 있으니 낙찰받고 나중에 다시 협상하면 된다. 빌라 주변을 봤는데 관리가 너무 잘 되어 있고 공실이 하나도 없었다. 단점은 지하철역과 떨어져 있어서 투자자들이 조금 꺼려할 것 같다고 생각했다. 이런 이유들을 종합해본 결과, 생각한 금액보다 조금 낮게 입찰했다.

3. 경기도 부천시 01년식 반지하 빌라

동네 분위기가 좋고 집이 시장과 가까워서 수요가 좋다고 봤다. 그런데 집 오른쪽으로 돌아서 들어가면 창문이 있는데 창문 바깥쪽 아래 부분에 홈이 있었다. 그 홈에 풀이 있고 풀 아래 하수구가 있었는데 비가 오면 그쪽으로 물이 빠지는 구조였다. 만약 거기에 이물질이나 쓰레기가 쌓이면 빗물이 넘쳐서 창문 안으로 흐를 수 있다는 단점이 있었다. 이런 문제는 세입자에게 관리를 하라고 미리 이야기해주면 되니 크게 문제가 없다고 생각했다.

이런 식으로 꼼꼼하게 체크하며 임장을 하면 된다.

Chapter 6

법원에 입찰하러 가보자!

경매 실전 입찰 방법

건물주 되러 가기 전 확인 사항

여기까지 권리분석, 물건 조사, 시세 조사, 현장 조사까지 모든 조사가 끝났다. 이제 부동산을 낙찰받으러 법원에 가는 일만 남았다. 법원에 입찰하러 가기 전에 무엇을 확인하고 어떤 것을 준비해야 하는지 지금부터 알아보자.

우선 다음 세 가지를 먼저 확인해야 한다.

1. 법원 위치

법원이 지역마다 여러 군데 있기 때문에 법원 위치를 한 번 더 확인해야 한다.

2. 경매 날짜와 시간

내가 참석할 수 있는 날인지 확인한다. 직접 참석할 수 없다면 대리인이 대신 가줄 수 있는지 미리 스케줄을 파악해둬야 한다.

3. 보증금

보증금은 보통 최저가의 10%이지만 20~30%일 때도 있으니 미리 확인해야 한다.

그다음 준비해야 하는 것은 본인의 신분증, 도장, 보증금 그리고 서류다. 서류는 입찰장에 가면 구비되어 있으니 따로 챙기지 않아도 된다. 보증금은 수표로 뽑아 가면 간편하다. 수표는 1원 단위까지 쓸 수 있어서 좋다.

본인 입찰 시 필요한 서류에는 매수신청보증봉투, 기일입찰표, 입찰봉투가 있다. '매수신청보증봉투'는 보증금을 넣는 봉투이고 '기일입찰표'는 보증 금액, 입찰가 그리고 본인의 정보를 작성하는 서류이다. '입찰봉투'는 매수신청보증봉투와 기일입찰표를 담는 봉투다. 지금부터 이 서류들을 어떻게 작성하는지에 대해 자세하게 살펴보겠다.

본인 입찰 시
서류 제출 방법

매수신청보증봉투 작성

1. 매수신청보증봉투에 사건번호를 먼저 적는다. 경매 사이트 정보지를 보면 사건번호 옆에 물건번호가 적혀 있는 경우가 있다. 적혀 있다면 물건번호도 칸에 적어주면 된다. 물건번호가 없다면 공란으로 비운다.

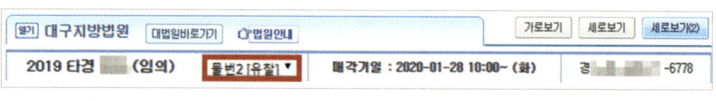

▲ 물건번호 확인

2. 제출자 칸에 본인 이름을 적고 (인)이라고 쓰여 있는 곳에 도장을 찍는다. 법원마다 양식이 다르기 때문에 (인)이라고 되어 있는 곳에는 모두 도장을 찍으면 된다.

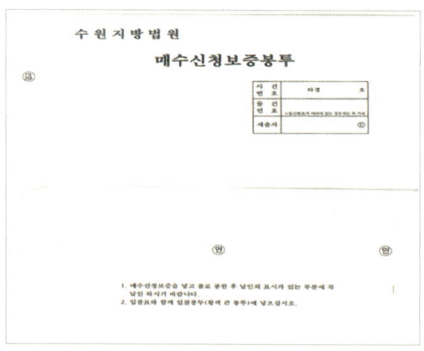

◀ 매수신청보증봉투

기일입찰표 작성

1. 기일입찰표는 본인의 인적 사항이나 입찰가액을 쓰는 서류이며 위에서부터 순서대로 작성한다. 입찰기일을 쓰고 사건번호를 쓴다. 그다음 물건번호가 있으면 쓰고 없으면 공란으로 둔다.

2. 본인 칸을 다 채운다. 본인 이름을 적은 후 도장을 찍고 전화번

▲ 기일입찰표

호, 주민등록번호, 도로명 주소를 작성하면 된다. 법인으로 하는 게 아니기 때문에 법인 칸은 비운다.

3. 중간 부분에 입찰가액과 보증 금액을 적는 칸이 있다. 여기서 절대 이 둘을 혼동하여 바꿔서 쓰면 안 된다. 입찰가액 칸에 입찰가를 쓰고, 보증 금액 칸에 보증 금액을 쓰면 된다.

4. 보증의 제공 방법은 '현금·자기앞수표'에 체크한다. 그리고 오른쪽에 '보증을 반환받았습니다' 칸에 본인 이름을 쓰고 본인 도장까지 찍으면 끝이다.

입찰봉투 작성

1. 입찰봉투 앞면에 본인 이름을 적고 본인 도장을 찍는다.
2. 그다음 뒷면 위쪽에 사건번호를 적는다. 물건번호가 있으면 적고 없으면 공란으로 비워두면 된다. 아래 (인)이라고 적혀 있는 곳은 본인의 도장을 찍는다.

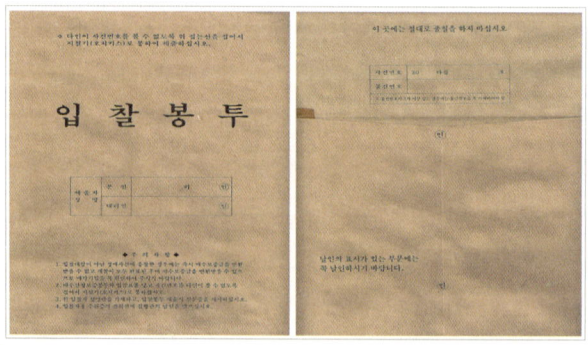

▲ 입찰봉투

서류 제출

서류를 다 준비했다면 제출하러 가보자.

1. 수표가 들어 있는 매수신청보증봉투와 기일입찰표를 입찰봉투에 넣고 점선을 따라 접는다.

2. 입찰장 앞에 비치된 스테이플러로 입찰봉투를 봉한 다음 신분증과 봉투를 들고 앞으로 간다.

3. 서류를 제출하면 담당관이 입찰자용 수취증을 준다. 수취증은 패찰했을 때 보증금을 돌려받기 위한 영수증이므로 꼭 가지고 있어야 한다.

대리인 입찰 시 서류 제출 방법

입찰하러 가는 날 일이 있어서 본인이 직접 못 가는 상황이라면 대리인을 대신 보낼 수 있다. 단, 준비물이 몇 가지 추가된다. 일단은 본인의 인감도장, 인감증명서를 챙겨줘야 하고 대리인은 대리인의 신분증, 도장을 챙겨야 한다. 보증금은 미리 뽑아서 대리인에게 주거나 이체해두면 좋다. 서류는 마찬가지로 입찰장에 다 구비되어 있으며, 서류 하나가 추가되는데 매수신청보증봉투, 기일입찰표, 입찰봉투까지는 똑같고 '위임장'이 추가된다.

매수신청보증봉투 작성

1. 사건번호를 적는다. 물건번호는 있으면 적고, 없으면 공란으로 비운다.

2. 제출자 칸에 본인의 이름이 아니라 대리인의 이름을 적는다. (인)이라고 쓰여 있는 곳은 본인 도장이 아닌 대리인의 도장을 찍는다.

기일입찰표와 위임장 작성

1. 입찰기일과 사건번호를 작성하고 물건번호는 있으면 적고 없으면 공란으로 비운다.

2. 본인 칸에 본인의 성명을 쓰고 도장을 찍고 전화번호, 주민등록번호, 도로명 주소까지 적는다.

3. 대리인 칸에 대리인의 이름을 적고 대리인의 도장을 찍는다. 그리고 본인과의 관계를 적으면 된다. 대리인의 주민등록번호, 전화번호, 도로명 주소까지 적는다.

4. 입찰가액과 보증 금액을 기입한다. '현금·자기앞수표'에 체크를 하고 '보증을 반환받았습니다' 칸에는 대리인의 이름과 대리인의 도장을 찍는다. 본인의 도장이 아니다.

5. 추가되는 위임장에는 대리인 칸에 대리인의 이름, 직업, 주민등록번호, 전화번호, 주소까지 적는다. 그리고 아래 사건번호를 채우고 본인 칸에 본인의 인적 사항을 적는다. 본인의 이름, 도장, 직업, 주민등록번호, 전화번호, 주소까지 적으면 작성이 끝난다.

```
            위  임  장

      ┌─────┬──────────┬──────┬──────┐
      │ 성 명 │          │ 직업 │      │
      │대├──────────┼──────┤      │
      │리│주민등록번호│    -    │전화번호│      │
      │인├──────────┴──────┴──────┤
      │  │ 주   소                     │
      └─────┴─────────────────────────┘

         위 사람을 대리인으로 정하고 다음 사항을 위임함.

                        다    음

   지방법원        타경        호 부동산
   경매사건에 관한 입찰행위 일체
```

▲ 위임장

입찰봉투 작성

1. 앞면에서 본인 칸에 본인의 이름을 적고 본인의 도장을 찍는다. 그리고 밑에 대리인의 이름을 적고 대리인의 도장을 찍는다.

2. 뒷면은 똑같이 사건번호를 적고 물건번호가 있으면 적고 없으면 공란으로 비운다. 밑에 (인) 부분은 모두 대리인의 도장을 찍는다.

본인의 도장이 아닌 제출자 대리인의 도장을 찍으면 된다. 서류 작성이 끝나면 제출하는 방법은 똑같다.

> ### ✏️ 요약 정리
>
> - **입찰 전 확인 사항** : 법원 위치, 매각기일, 보증금
> - **본인 준비물** : 본인 도장, 신분증, 보증금, 입찰 서류
> - **대리인 준비물** : 본인 인감도장, 본인 인감증명서, 보증금, 대리인 도장, 대리인 신분증, 입찰 서류(위임장 추가)

02 머릿속으로 그려보는 경매 절차

머릿속 비디오를 상상하기

실제로 행동하기 전에 비디오테이프를 재생하듯 머릿속에서 반복해서 상상하는 습관은 정말 좋다. 두루뭉술하게 떠올리는 것이 아니라 세세하게 떠올리며 상상하는 것이다. 이런 습관은 나처럼 겁이 많은 사람에게 아주 효과적인 방법이다. 임장이나 입찰하러 가는 길 그리고 나중에 나올 명도 과정도 머릿속으로 상상하고 간다면, 실수할 확률도 줄어들고 변수가 생겼을 때 당황하지 않고 대처할 수 있을 것이다. 지금부터 이야기할 주의 사항과 경매 절차들을 실행하기 전에 꼭 머릿속으로 그려보길 바란다.

입찰
주의 사항

신분증을 꼭 챙겨야 한다. 요즘은 평소에 신분증을 안 들고 다니는 사람들이 많아지면서 간혹 법원에 갈 때도 놓고 오는 사람이 있다.

보증금은 미리 준비해야 한다. 당일 오전에 은행에 가서 뽑겠다는 분들도 있는데, 은행에서 예상보다 시간을 많이 소요하거나 오래 기다릴 수도 있으므로 미리 전날에 뽑아두는 게 안전하다.

입찰표를 쓰다가 잘못 적었을 때 수정 테이프로 지우거나 볼펜으로 두 줄 긋기를 하면 무효 처리가 되니, 잘못 적은 종이는 찢어서 버리고 다시 작성해야 한다. 잘못 작성했을 때를 대비해 서류를 미리 여러 장 챙겨두면 좋다.

입찰가와 보증 금액을 반대로 쓰지 않도록 주의하자. 이 둘을 반대로 바꿔서 쓰는 사람들이 간혹 있기 때문에 주의해야 한다. 입찰가는 최저가는 있지만 상한선이 없다. 실수로 얼마를 적든 그 가격으로 낙찰되기 때문에 가격을 쓸 때 항상 조심해야 한다.

실제로 내가 만나본 실수 사례들을 말해보겠다. 신분증을 안 가지고 입찰장에 간 동료가 있었다. 이런 경우 경매에 참여하지도 못하고 아무것도 못 해본 상태로 그냥 돌아와야 한다. 보증금이 모자란 경우도 있었다. 보증금을 부족하게 들고 가면 무효 처리가 된다. 내용을 잘못 써서 볼펜으로 수정한 경우도 있었다. 어르신들 같은 경우 쓰다가 틀리면 볼펜으로 두 줄을 긋고 옆에다가 새로 쓰는 경우가 있는데 앞서 설명했다시피 이런 경우는 전부 무효 처리된다. 입찰가를 잘못 적는 경우도 종종 있다. 최근에 뉴스 기사에서 9억 원의 땅을 0을 하나 더 써서 90억 원에 낙찰받은 경우를 보았다. 이러면 낭패다. 입찰하기 위해 걸었던 보증 금액을 포기하고 취소 신청을 했을 텐데, 그럼 한 번의 실수로 몇천만 원이 날아가게 되는 것이다. 입찰가는 꼭 제대로 확인하고 적어야 한다.

'이런 실수를 누가 하겠냐'고 할 수도 있는데 대부분 입찰장에 늦게 도착한 사람들이 주로 한다. 경매 시작 5분을 남겨놓고 온 사람은 정신이 없기 때문에 이런 실수를 하게 된다. 그러니 미리미리 도착해 차분한 마음으로 서류를 작성하는 게 좋다. 입찰장에 처음 가면 굉장히 긴장된다. 긴장해서 실수를 하는 경우도 있기 때문에 앞서 언급한 주의 사항들을 꼭 기억하고 명심하길 바란다.

법원 시뮬레이션

1. 법원의 위치를 전날에 재확인하고 아침에 법원으로 간다. 법원에

가서 경매법정을 찾으면 되는데 찾기 어려운 경우 근처 직원에게 물어보면 된다.

2. 입찰장에 가서 비치되어 있는 서류를 챙기고 서류를 작성하는 곳으로 간다. 본인이 입찰할 경우 매수신청보증봉투, 기일입찰표, 입찰봉투를 챙긴다.

3. 내용을 작성하고 (인)이라고 적혀 있는 곳은 모두 본인의 도장을 찍는다.

4. 입찰봉투 안에 매수신청보증봉투, 기일입찰표를 넣고 스테이플러로 봉한 다음 접수하는 곳으로 가서 본인의 신분증과 작성한 서류들을 같이 제출한다. 봉투 중 일부를 찢은 수취증을 받고 기다린다.

5. 입찰 시간이 종료되면 직원들이 정리를 한 뒤 사건번호 순서대로 부르기 시작한다.

6. 나의 사건번호가 호명되면 그때 집중을 하면 되는데, 일단 먼저 입찰자 수를 이야기해주고 입찰 가격이 낮은 순서대로 불러준다. 예를 들어 5명이 입찰했다면 낮은 가격을 적은 사람부터 부르고 마지막에 최고가 매수인을 말해준다.

7. "최고가 매수인 홍길동 님!" 하고 부르면 그때 최고가를 적은 사람은 신분증과 도장을 들고 앞으로 나가면 된다. 거기서 하라는 대로 하면 낙찰 영수증을 준다. 낙찰 영수증은 나중에 대출을 할 때나 법원사건을 열람할 때 필요할 수 있으니 잃어버리지 말고 잘 가지고 있어야 한다.

8. 패찰된 사람들은 본인의 신분증과 수취증을 가지고 좌측 맨 앞

으로 나가면 보증금을 바로 돌려받는다. 보증금을 받아서 은행에 입금하고 다시 다른 물건을 조사하면 된다.

Chapter 7

소액으로도 투자할 수 있는 이유!

부자들만 알고 있는
대출 이용법

남의 돈 이용해서
부자되기

열심히 일하고 받은 월급을 저축해서 집을 살 수 있을까? 아마도 그렇게 돈을 모아 집을 사려다간 과로로 쓰러질지도 모른다. 그런데 월급을 차곡차곡 모으지 않아도 단기간에 부자가 될 수 있는 방법이 있다면 어떨까?

　투자를 잘하는 사람들은 남의 돈을 이용할 줄 안다. 한 예로 7천만 원짜리 집을 사서 500/40으로 임대한다고 가정했을 때, 두 가지 경우를 비교해보겠다. 첫 번째, 대출을 받지 않았을 때 월 순익은 40만 원이고 최종 투자금은 임차인으로부터 보증금 500만 원을 받기 때문에 7천만 원에서 500만 원을 뺀 6,500만 원이 된다. 연 수익률로 환산하면 7%가 나온다.

두 번째, 대출이 80% 나온다고 가정했을 때 대출 금액은 5,600만 원이고 금리 3.5%로 계산했을 때 한 달 이자가 16만 원이 나온다. 보증금 500만 원에 월세 40만 원을 받게 될 경우 한 달 순익은 대출 이자를 뺀 24만 원이다. 최종 투자금은 낙찰가 7천만 원에서 대출금 5,600만 원을 빼고 보증금 500만 원도 뺀 900만 원이다. 연 수익률로 환산하면 32%가 나온다.

이처럼 수익률 차이가 거의 5배 가까이 나고 최종 투자금도 차이가 크다. 그렇기 때문에 대출을 이용하여 투자금을 최소화하고 수익률을 극대화해야 한다. 한 달 수익은 줄어들지만 최종 투자금 차이는 무척 크다. 대출을 받은 사람은 집을 하나 사고 나서도 6천만 원이 남기 때문에 6천만 원으로 또 다른 투자를 할 수 있다는 장점이 있다.

간혹 대출을 안 좋게 보는 사람도 있지만, 나는 대출에는 좋은 대출과 나쁜 대출이 있다고 생각한다. 좋은 대출은 수익이 이자보다 클 경우 즉, 수익이 들어오는 자산을 만들 때 이용하는 대출은 좋은 대출이라고 본다. 그리고 수익이 이자보다 작을 경우 즉, 지출이 더 커 부채를 발생시키는 대출은 나쁜 대출이라고 본다. 이렇게 좋고 나쁜 기준을 정해두면 대출에 대한 두려움을 줄일 수 있다.

경매 대출은
다르다

'경락잔금대출'이라고 하는 경매 대출은 일반 대출과 조금 다른 점이 있다. 일반 대출은 KB시세(KB국민은행이 제공하는 부동산 시세 정보) 등 평균적인 시세를 기준으로 대출이 나오고, 경락잔금대출은 감정가를 기준으로 대출이 나온다. 감정가는 일반적인 시세보다 높게 잡히는 경우가 있기 때문에 감정가 대비 저렴하게만 낙찰받을 수 있으면 일반 대출보다 더 많은 대출을 받을 수 있다는 장점을 가지고 있다. 우리는 이걸 잘 이용해야 한다.

그런데 이러한 대출 역시 은행이 무한정으로 제공해줄 수 없기 때문에 정해진 규제가 있다. 대출 규제는 LTV와 DSR 두 가지만 알고 있으면 지금은 충분하다. 단, 대출은 기본적인 틀은 비슷하겠지만 시기와 경제 상황에 따라 세부적인 내용이 변동될 수 있으니 항상 꼼꼼하게 알아보고 주의해야 한다.

LTV

LTV는 'Loan To Value'의 약자로 'Loan'은 대출 금액, 'Value'는 부동산 가치라고 생각하면 된다. 대출 금액을 부동산 가치로 나눈 걸 LTV라고 한다. 한마디로 이야기하면 '얼마를 빌려줄까?'로 정리할 수 있다. 예를 들어 '2억 원짜리 빌라가 있고 LTV가 70% 적용될 때 대출 금액은 얼마인가?'라고 하면 2억 원에 70%를 곱하면 대출 금액이 나온다. '2억 원×70%=1억 4천만 원' 즉, 1억 4천만 원까지 대출이 나온다는 뜻이다. LTV는 이 정도만 이해하면 된다.

DSR

DSR은 'Debt Service Ratio'의 약자이다. DSR은 연 총 부채(원금+이자)를 연 수입으로 나눈 것이다. 연봉 대비 1년 총 부채가 얼마인지 보는 건데 '이 사람이 빌린 돈을 갚을 수 있을까?'를 물어보는 것이다. 예를 들어 '연봉 5천만 원인 사람이 은행에서 DSR 100% 적용했을 때 1년 대출 한도는 얼마인지' 궁금하다면 5천만 원에서 100%를 곱하면 1년 대출 한도가 나온다. '5천만 원×100%' 하면 5천만 원이 나오는데 이 금액이 1년 동안 갚을 수 있는 원금+이자의 한도다.

> 📝 **요약 정리**
>
> 1. 대출을 이용하여 수익률을 극대화하자
> 2. 대출을 이용하여 일정한 수익을 만드는 '자산'을 만들자
> 3. 대출은 시기에 따라 변동 가능성이 있다

02 실수하면 끝!
대출 계산 방법

비규제 지역
대출 계산 방법

경매 대출이 무조건 80% 이상 나올 거라고 생각하면 큰 오산이다. 유튜브에서 90% 대출을 받았다는 영상을 보고 실제로 대출을 신청했다가 60%만 나온 사람도 봤다. 대출 금액을 계산하는 기본적인 방법을 알아보기 전에 우선 대출이 나오는 지역을 알고 있으면 좋다. 지역은 크게 '규제 지역'과 '비규제 지역'으로 나뉜다. 규제 지역은 투기 지역, 투기 과열 지구, 조정 지역이 있는데 이 지역은 대출이 나오긴 나오지만 비율이 낮다. 규제 지역을 제외한 곳이 비규제 지역이다. 경매를 하게 되는 시점에 해당 지역이 어디에 속하는지 인터넷으로 알아보고 진행해야 한다.

이 책에서는 비규제 지역을 기준으로 대출금을 계산하는 방법을 알아보겠다.

무주택자

1. 감정가 X 70%(LTV) - 방공제(소액임대차보증금=최우선변제금)
2. 낙찰가 X 80%

1번과 2번 중에서 더 낮은 금액으로 대출이 나온다. 현재 기준으로 무주택인 경우 감정가 대비 LTV 70%까지 나오고, 1주택 이상부터는 LTV 60%까지 적용된다. 주택을 하나도 보유하고 있지 않은 무주택자인 경우 계산은 어렵지 않다. 1번 2번을 각각 구한 다음 눌 중 낮은 금액으로 대출이 나온다고 생각하면 된다. 2번은 대출 상품의 조건마다 비율이 달라지지만 많게는 90%까지 적게는 70%까지 가능하다. 평균적으로 접근하는 게 좋으니 80%로 계산하고 들어가면 좋다.

'방공제'는 흔히 은어로 '방빼기'라고 한다. 은행은 돈을 빌려줄 때 임차인의 최우선변제금을 빼고 대출해준다. 대출 원금 손해를 막기 위해서 미리 최우선변제금을 빼고 주는 것이다. 예를 들어 은행이

A씨에게 집을 담보로 1억 원을 대출해줬고, A씨가 원금과 이자를 못 갚는 상황이 생겼다. 은행이 원금을 회수하기 위해 담보로 잡은 집을 경매 신청했다. 집이 1억 원에 낙찰이 되었다고 가정했을 때 은행은 1억 원을 배당받을 수 있다.

그러나 만약 그 집에 최우선변제권이 있는 임차인이 있을 경우 임차인에게 먼저 배당된다. 최우선변제권을 가진 임차인은 어떠한 채권자들보다 낙찰금에서 우선해서 돈을 받기 때문이다. 법원에서는 최우선변제금을 빼고 나머지 낙찰금을 은행에 준다. 그러면 은행은 원금 손해를 보게 된다. 이런 상황을 방지하기 위해 처음부터 최우선변제금을 제외하고 빌려주는 것이다. 방공제를 미리 하고 대출해준다는 말이다.

예시를 통해 한번 계산해보자. 인천에 있는 다세대주택이고, 감정가 7천만 원 입찰가 5,270만 원이다. 그러면 최우선변제금을 확인하고 방공제를 먼저 해줘야 한다. ==여기서 주의할 점은 임차인 최우선변제금을 볼 때는 말소기준 설정일로 확인하는 게 맞지만 대출을 계산할 때는 현재를 기준으로 표를 확인해야 한다는 것이다.==

가장 최신 기준을 적용해보면 소재지가 인천이기 때문에 과밀억제권역에 해당된다(단, 인천이라 해도 발달 정도에 따라 과밀억제권역이 아닌 곳도 있음). 2021년 5월 11일 이후부터 과밀억제권역은 1억 3천만 원 이하인 경우 4,300만 원까지 최우선변제를 받을 수 있다. 방공제는 4,300만 원으로 계산한다.

1. 감정가(7천만 원) X 70%(LTV) - 방공제(4,300만 원) = 600만 원
2. 낙찰가(5,270만 원) X 80% = 4,216만 원

이 중에서 더 적은 금액으로 대출이 나오므로 대출은 600만 원이 나온다. 1주택 이상인 경우는 여기서 10%씩 줄어든다.

1주택 이상

1. 감정가 X 60%(LTV) - 방공제(소액임대차보증금=최우선변제금)
2. 낙찰가 X 70%

1번과 2번 중 낮은 금액으로 대출이 나온다. 그런데 이런 조건으로 방공제를 하게 되면 대출 금액이 너무 적어지게 된다. 하지만 크게 걱정하지 않아도 된다. 방공제를 없앨 수 있는 '방공제 면제권'이 있기 때문이다.

방공제 면제권

면제권은 총 4회를 받을 수 있는데 MCI 2회, MCG 2회다. MCI(Mortgage Credit Insurance, 모기지신용보험)는 개인에게 주는 것이고, MCG(Mortgage Credit Guarantee, 모기지신용보증)는 세대에게 주어진다. 일단 MCI 2회는 기본적으로 주어진다. MCG는 세대에게 주어지므로 세대원 중 누군가 한 번 사용해서 대출했다고 했을 때 남은 MCG

는 1회이다. 가족 중에 MCG를 아무도 쓰지 않았다면 쓸 수 있는 MCG는 2회가 남는 것이다. 그러면 총 MCI까지 포함해서 4회를 쓸 수 있다.

자, 그럼 방공제 면제권을 사용할 경우 대출이 어떻게 바뀌는지 보겠다.

1. 감정가(7천만 원) X 70%(LTV) - 방공제 면제권 = 4,900만 원
2. 낙찰가(5,270만 원) X 80% = 4,216만 원

아까와 똑같은 다세대주택이다. 무주택인 경우 방공제를 했을 때는 600만 원이 낮은 금액이기 때문에 600만 원으로 대출이 나온다. 그런데 여기서 방공제 면제권을 사용한다면 방공제가 면제되어 2번 금액이 더 낮기 때문에 4,216만 원으로 대출이 나오게 된다. 이렇게 방공제 면제권을 사용하게 되면 대출 비율이 높아진다.

만약 규제 지역을 계산해보고 싶다면 규제 지역에 대한 LTV를 찾아본 후 대출 비율만 다르게 계산하면 된다. 또한 법안에 따라 LTV 비율이 바뀐다면 그에 맞게 계산하면 된다.

03 돈 벌어주는 대출 조건 비교

돌다리도 두들겨보고 건너자

어떤 대출 상품을 이용하느냐에 따라 수익률의 차이도 무척 크다. 대출에 대해 아무것도 모르는 상황이라도 겁먹지 말길 바란다. 내가 그동안 시행착오를 겪으면서 배운 것들과 조심해야 할 사항 등 모든 노하우를 다 알려주겠다. 물론 다른 좋은 방법들도 충분히 있을 수 있으니 자신만의 과정을 계속 수정하면서 최선으로 만들어가면 된다.

우선, 대출 실행은 법무사를 이용한다. 법무사를 통해서 대출을 비교하고 마음에 드는 대출을 고른 후 자서를 하러 가면 된다. '대출 자서'란 대출 서류를 작성하러 가는 것을 말한다. 자서 이후 대출 실행을 하면 법무사가 잔금을 가지고 법원에 가서 납부해준 다음 행정상 필요한 서류 처리를 해준다. 이렇게 하면 대출 과정은 끝난다.

법원 입찰장에서 낙찰을 받고 나오면 몇몇 법무사 직원분들이 찾아올 것이다. 그분들이 명함을 주면 받고, 전화번호를 물어보면 알려준다. 그러면 문자로 대출 조건들을 보내줄 것이다. 문자를 주지 않은 대출 담당자에게는 명함에 적힌 연락처로 문자를 보낸다. 이렇게 문자를 돌리면 각 법무사에서 대출 조건들을 보내줄 텐데 여러 곳을 비교한 다음 괜찮은 조건을 제시한 법무사를 선택하면 된다.

여기서 주의할 점은 대출 자서를 하러 가기 전에 반드시 비용 내역서를 보내달라고 해야 한다는 것이다. 법무사 수수료를 비교하기 위해서 해야 하는 절차다. 수수료는 법무사마다 다르고 그 차이가 꽤 크다. 실제로 법무사 수수료를 60만 원에 계약한 적이 있는데, 같은 조건으로 비싸게 받는 곳은 100만 원대를 요구한 적도 있다.

법무사 대출 담당자에게는 다음과 같이 본인의 경매 정보를 넣어 문자를 보내면 된다.

> 안녕하세요 ○○○ 실장님! 2021타경×× 낙찰자인데 현재 무주택자이고, 월 소득은 얼마이며, 보유하고 있는 대출 상태는 이렇습니다. 대출 조건 좀 알려주세요.

만약에 내가 1주택자이면 1주택자라고 바꿔 말하면 된다. 그러면 다음과 같은 답변이 올 것이다.

> 안녕하세요 ○○○ 실장입니다. MCI를 사용했을 때 2,900만 원 그리고 금리는 3.5~3.9%로 예상됩니다. 대출 상환 조건은 1년 거치 후 29년 분할 상환입니다. 검토하고 연락주세요.

이런 식으로 받은 답변을 모아 비교하면 된다. 답변으로 받은 문자에서 '거치'라는 건 원금을 갚지 않고 이자만 내는 날을 말한다. '분할 상환'은 나눠서 상환한다는 뜻이다. 예를 들어 1년 거치 후 29년 분할 상환일 경우 1년 동안 매달 이자만 갚고 이후부터 매달 이자와 분할된 원금을 갚아야 한다.

이렇게 대출을 비교할 때는 본인의 기준을 정해두면 좋다. 나의 우선순위는 이렇다. **첫 번째, 거치 기간이 긴 것이 좋다.** 대출은 원금을 최대한 늦게 갚는 게 좋다. 원금을 갚는 순간부터 수익률이 떨어지기 때문이다. 그래서 나는 거치 기간이 긴 것을 선호한다.

두 번째, 대출금이 많은 것이 좋다. 대출금이 많을수록 수익률이 높아지기 때문이다.

세 번째, 금리가 낮은 것이 좋다. 금리가 낮아야 대출 이자가 줄어드는 것은 당연하다. 그런데 금리를 조사할 때 주의할 점이 있다. 바로 우대 조건이다. 예를 들어 해당 은행 신용카드 이용액이 월 30만 원 이상일 때, 급여 통장을 개설했을 때 등 은행이 제시하는 조건을 우대 조건이라 한다. 법무사 담당자가 금리 3.5%라고 했는데 가서 확인해보니 은행에서 제안하는 우대 조건을 모두 갖추어야만 3.5%인 경우도 있다. 그렇기 때문에 법무사 담당자에게 우대 조건을 갖추지 못했을 때 금리가 얼마인지도 미리 물어보면 좋다.

법무사를 통해서 은행을 골랐다면 대출 자서 날짜를 정했을 때 미리 은행 담당자와 통화해보는 것을 권장한다. 대출 조건과 날짜를 다시 확인하기 위해서다. 법무사 담당자는 많은 사람들을 관리하기 때문에 실수를 할 때가 있다. 들었던 대출 조건과 실제 대출 조건이 다른 경우가 생기기도 한다. 그렇기 때문에 은행에 방문하기 전에 대출 담당자와 통화를 해서 조건과 날짜를 다시 확인하는 것이다. 힘들게 시간 내서 은행에 방문했는데, 미리 알아본 조건과 다르면 골치 아플 것이다.

대출 자서를 마쳤다면 대출 실행을 해야 한다. 법원에서 낙찰을 받고 매각이 확정되면 잔금을 내라고 등기가 날아온다. 잔금 납부 기간은 한 달 정도 주며, 그 안에 대출 실행을 하면 된다. 대출 실행을 하면 법무사가 은행에서 돈을 받아 법원에 가서 잔금을 납부해준다. 그리고 서류 절차상 필요한 등기를 법무사가 대행으로 모두 처리해준다. 이후부터는 법무사 담당자가 말해주는 내용대로 진행하면 끝이다. 모르는 내용이 있으면 주저하지 말고 문자나 전화로 법무사 담당자에게 물어보면 된다.

대출 경험이 없을 때 유용한 추가적인 팁이 있다. 법무사 담당자가 대출 조건을 말해줬을 때, 혹시 더 좋은 대출 조건이 있는지 혹은 다른 조건은 없는지 물어보면 좋다. 당장 필요 없는 정보를 말해준다 해도 나중에 다 유용하게 사용될 정보들이니 이것저것 물어보자. 어려운 일도 아니니 말이다. 대출 조건이나 절차에 대해서도 잘 모르겠으면 담당자에게 당당하게 물어보면 된다. 만약에 불친절하게 응대한다면 다른 법무사한테 물어보면 되니 너무 걱정하지 않아도 된다.

04 다시 한번 체크하는 대출 총 정리

나의 자금 상황 파악하기

여러분은 본인 스스로에 대해 얼마나 제대로 파악하고 있는가? 부동산 경매를 하기 전에 본인의 자금 상황을 정확하게 알고 있는 것은 굉장히 중요하다. 실제로 사용 가능한 투자금이 얼마인지 정확히 알고 있어야 한다. 대충 예상으로 '거기에서 빼서 쓰면 이 정도 되겠구나' 하는 식으로 어림잡으면 안 되고, 내가 지금 당장 쓸 수 있는 돈이 얼마인지 정확하게 알아야 한다. 그리고 대출이 나오는 상태인지도 미리 확인해야 한다. 대출이 안 나오는 상태에서 낙찰받게 되면 당황스러운 상황이 생길 것이다.

대출이 나오지 않는 경우는 언제일까? ==첫 번째, 신용불량자인 경우다.== 신용등급이 최소 6등급보다 높다면 괜찮다. ==두 번째, 소득이 증빙되지 않는 경우다.== 대출을 할 때는 이자를 낼 수 있는 안정적인 수입을 증명해야 한다. 직장에 다니고 있으면 근로소득원천징수영수증을 제출하면 되고, 없다면 본인 명의로 된 카드 사용을 확인하거나 추정 소득을 잡는다. 1년 전 카드 사용 내역이나 건강보험료로 잡기도 한다. 전업주부인 경우 배우자의 소득으로 추정하기도 한다. ==세 번째, 임차인에게 물어낼 돈이 있는 부동산인 경우 대출이 안 나올 수도 있다. 네 번째, 권리적으로 문제가 있는 부동산인 경우다.==

직장에 잘 다니고 있고 일반적인 상황이라면 대부분 대출은 나올 테지만 그래도 불안할 경우 확인할 수 있는 방법이 있다. 법원 입찰장을 한번 구경도 할 겸 견학을 가는 것이다. 그리고 입찰이 끝나면 앞서 언급했던 낙찰자에게 명함을 나눠주는 직원분들에게 다가가 명함을 받는다. 명함에서 법무사를 찾아보고 담당자에게 전화를 하거나 다음과 같이 문자를 보낸다.

> 안녕하세요. 제가 사건번호 2018타경×× 들어가려고 하는데 현재 소득은 이렇고, 대출 상태는 이렇습니다. 대출이 나올까요?

단체 문자를 보내듯 성의 없이 보내면 답변을 주지 않는 경우도 있다. 답변을 받을 수 있는 가장 좋은 방법은 문자 수신인의 이름과 직책을 언급하면서 물어보는 것이다. 이 방법은 평상시에도 내가 자주 사용하는 방법이다.

대출 시 마지막으로 주의 사항이 있다.

1. 내가 투자하려는 시점에 해당 지역이 규제 지역인지, 비규제 지역인지 파악해두자.
2. 원금을 갚는 시기의 수익률도 계산해보자.

원금을 갚는 시기에는 수익률이 떨어지므로 그때도 만족스러운 수익률이 나오는지 확인해야 한다. 현재 투자자들이 가장 많이 하는 일반적인 상환 조건은 1년 거치 이후 29년 원금 분할 상환이다. 대부분의 사람들은 잘 모르는 상품도 있다. 내가 가장 선호하는 상품은 '원금 50% 33년 거치 + 남은 원금 50% 분할 상환'이다. 대출 상담할 때 물어보면 말해주는 상품이다. 이 외에도 법무사를 통해 다른 조건이 있는지 알아보면서 자신에게 딱 맞는 최선의 선택을 하길 바란다.

대출 실행 과정을 한 번 더 복습해보겠다. 낙찰을 받고 약 2주가 지나면 잔금 납부 기간을 한 달 정도 준다. 낙찰받자마자 법무사를 이용해서 대출을 알아보고 비교한다. 마음에 드는 대출을 정했으면 대출 자서하러 가는 날짜를 정한다. 대출 서류를 작성하는 시간은 1시간~1시간 30분 정도가 소요되니 이 점도 참고하길 바란다. 간혹 출장 자서를 해주는 은행이 있으니 필요하다면 법무사에게 출장 자서가 가능한지 물어보는 것도 좋다. 그리고 자서가 끝나면 잔금 납부 기간 안에 대출을 실행한다. 대출을 실행하면 법무사가 돈을 받아 법원에 직접 가서 잔금 납부를 해주고 행정상 필요한 서류 처리를 해준다. 그 이후부터는 법무사 담당자와 이야기하면서 진행하면 된다. 모든 게 마무리되면 등기권리증을 받는다. 바로 그때, 이전에는 느껴보지 못한 새로운 감정을 느낄 수 있을 것이다. '내가 진짜 집주인이 된 거구나…!' 나는 아직도 그 순간을 잊지 못한다.

> **요약 정리**
>
> 1. 개인 대출 방공제 면제권 총 4회
>   - 개인에게 주는 MCI 2회, 세대에게 주는 MCG 2회
> 2. 법무사를 통해 대출 비교하기
> 3. 나의 자금 상황을 제대로 파악하기
> 4. 투자 시점마다 부동산 관련 법안 체크하기

Chapter 8

복잡한 거 싫어하는 나만의 명도 노하우!

01

경매 학원도 안 알려주는 명도 노하우

**명도만 끝나면
거의 끝이다**

낙찰을 받은 다음 대출을 알아보며 할 일은 '명도'다. 명도는 토지나 건물을 타인에게 넘겨주는 것을 말한다. 내가 어떤 집을 낙찰받았을 때 해당 집에 살고 있는 거주자에게서 집을 넘겨받는 일을 명도라고 생각하면 된다. 이번 파트에서는 거주자에 따른 명도 방법들을 공유하려고 한다. 그 전에 가장 기본적으로 알고 있어야 하는 세 가지가 있다.

1. 임차인의 연락처

낙찰을 받고 바로 연락처를 얻으러 가야 한다. 연락처를 미리 얻어놓으면 나중에 협상할 때 직접 찾아가지 않아도 되므로 편하다. 보통 낙찰받자마자 집을 찾아가서 연락처를 물어보거나 미리 종이를 준비해 가서 현관문에 붙이고 온다. '안녕하세요. 이번에 낙찰받은 집주인인데 부재중이셔서 쪽지 남깁니다. 향후 진행 상황 관련해서 의논하고자 하니 연락주세요.'라는 메모와 연락처를 적어두고 연락이 오길 기다리면 된다. 연락이 안 올 경우 해당 법원에 가서 사건 서류를 열람하면 연락처가 기재되어 있는 경우도 있다. 사건 열람을 하고 싶다면 낙찰 영수증을 챙겨 가면 된다. 또한 빌라를 관리하는 반장님이 있다면 반장님 전화번호도 같이 얻어오면 좋다. 반장님 전화번호는 빌라 게시판에 있을 수도 있고, 그 빌라에 살고 있는 사람 또는 이웃집에 물어보면 된다.

2. 문자로 기록 남기기

명도와 관련해 세입자에게 어떤 조건을 설명할 때는 문자로 연락하는 걸 추천한다. 자세한 설명을 전화나 말로 하게 되면 듣는 사람이 자세한 내용을 기억하지 못하는 경우가 허다하다. 또한 나중에 오해의 소지가 생길 수 있으니 조건을 알려줄 때는 문자로 연락해 기록을 남겨두는 게 좋다. 불가피하게 전화로 연락할 경우 녹음 기능을 이용해 기록해두는 것도 좋다.

3. 두려움 버리기

처음 하는 명도는 걱정되고 두려울 수 있다. 당연하다. 겁이 많았던 나는 명도 가기 전 머릿속에서 명도하는 모습을 수도 없이 상상해봤다. 다양한 상황을 상상해보고 시뮬레이션 해보면서 마인드 세팅을 단단하게 하고 가길 바란다. 협상을 하기 위해 가는 게 아니며, 협상은 나중에 문자나 전화로 진행하면 되니 너무 어렵게 생각하지 말자. 단순하게 상대의 생각을 듣고, 내 집에 살고 있는 사람을 만나서 편하게 이야기를 나눈다는 느낌으로 가보자.

배당금을 받는
임차인 명도 방법

임차인이 보증금을 손해 보지 않는 수월한 케이스다. "안녕하세요. 이번에 낙찰받은 집주인입니다. 돌려받는 보증금과 이사 문제로 잠시 이야기 나눌 수 있을까요?" 이런 식으로 대화를 건네면 집으로 들어오라고 하거나 그 자리에서 이야기를 진행할 것이다. "저랑 재계약을 하실지 아니면 이사를 갈지 정하셔야 되는데, 생각해본 적 있으세요?"라고 물으면서 대화를 나누면 된다.

대화를 하다가 보증금에 대한 이야기가 나오면 설명을 잘 해주면 좋다. 임차인과 신뢰를 쌓을 수 있는 기회이기 때문이다. "보증금은 너무 걱정하지 마세요. 제가 드리는 명도확인서와 인감증명서를 가지고 법원에서 정해주는 배당기일에 가서서 서류만 제출하면 돈은 바로 받을 수 있을 겁니다. 그런데 제가 이 서류를 그냥 드릴 수는 없고 저와 재계약을 하거나 혹은 이사를 가게 되면 드릴 수 있습니다." 이런 식으로 설명해주면 좋다.

다양한 상황을 상상해보고 가면 좋으니, 내가 그간 경험했던 임차인의 반응을 유형별로 나눠 그에 따른 대처 방법을 공유해보도록 하겠다.

1. 집에 계속 거주하고 싶다고 하는 경우

"집에 그대로 사실 경우 보증금 얼마에 월세 얼마로 재계약하셔야 되는데 괜찮으신가요?"라고 물어본다. 만약 주저하는 게 보일 경우 "충분히 생각해보시고 일주일 후 다시 연락드릴 테니 그때 알려주세요." 하고 나오면 된다.

2. 이사를 간다고 하는 경우

"이사 갈 시간은 충분히 드릴게요. 한두 달 정도의 시간을 드릴 수 있습니다. 그 대신 배당기일 이전까지 이사 날짜를 잡아주시고 제게 연락주세요." 이렇게 말하고 나오면 된다. 낙찰을 받고 배당기일까지 대략적으로 두 달이라는 시간이 있다. 나는 배당기일 이전까지 이사할 시간을 주는 편이다. 당장 이사 가라고 하면 상대방도 기분 나빠할 수 있기 때문에 이사에 필요한 시간을 충분히 주는 게 좋다고 생각한다. 물론 가능하면 최대한 빨리 집을 비워달라고 요청할 수도 있다.

3. 돈이 없어서 보증금을 받고 나간다고 하는 경우

"저도 나가는 비용이 있고 법원 절차상 서류를 그냥 드릴 수는 없습니다. 제가 가능한 방법이 있는지 한번 알아보고 연락드리겠습니다." 하고 나온다. 그리고 집에서 충분히 생각을 한 뒤 문자를 보내면 된다. 내가 실제로 사용했던 시나리오를 알려주겠다.

우선 "절차상 집이 비워져 있지 않은 상황에서 명도확인서를 드릴 수는 없습니다. 대신 보증금을 받고 이사를 가셔야 할 경우 방법을 알려드릴게요."라고 문자를 보냈다. 그리고 가능한 방법을 다음과 같이 순서대로 알려줬다.

> 1. 먼저 이사 갈 집에 우선 계약금을 걸고 배당기일을 이사하는 날짜로 정하시면 됩니다(보통 계약금을 보증금의 10%만 걸기 때문에 이 돈은 어떻게든 융통해서 계약만 먼저 하라고 한다).
> 2. 배당기일을 이사 날짜로 정하고 그날 오전에 집을 비우게 되면 제가 방문해서 하자 여부와 공과금 납부를 확인하고, 그 자리에서 명도확인서와 인감증명서를 바로 드리겠습니다.
> 3. 그러면 ○○○ 님은 서류를 법원에 제출하고 당일에 바로 돈을 받고 이사 가는 집주인에게 남은 잔금을 치르시면 됩니다.

이사 갈 돈이 없다고 집을 비우기 전에 서류를 달라고 하는 경우가 꽤 많다. 그럴 경우에는 확실하게 말해줘야 한다. 명도확인서라는 건 집을 비웠다는 증거이기 때문에 법원 절차상 집을 비웠을 경우에만 드릴 수 있고, 또는 재계약서를 작성하고 재계약에 따른 보증금을 지불하였을 경우에만 드릴 수 있다고 말이다. 마지막으로 "법무사나 전문가에게 물어보셔도 좋습니다."라고 한마디를 더 남겨준다.

<mark>임차인이 보증금을 돌려받을 수 있는 방법</mark>이 두 가지가 있는데, 이것도 숙지하고 있어야 임차인이 갑자기 물어봤을 때 잘 답해줄 수 있다. 물론 이 내용을 설명해줘야 하는 의무는 없지만 좋은 관계를 만들어두면 나쁠 것 없다.

<mark>첫째, 임차인이 보증금을 돌려받기 위해서는 우선 집을 비워야 한다.</mark> 집을 비우고 낙찰자에게서 명도확인서와 인감증명서를 받고, 법원에서 받은 등기 내용대로 서류를 준비한 다음, 배당기일 해당 시간에 법원에 가서 서류를 제출하고 절차대로 돈을 받으면 된다.

<mark>둘째, 낙찰자와 재계약을 하고 내용에 따른 보증금을 낙찰자에게 준다.</mark> 낙찰자에게서 명도확인서, 인감증명서를 받고 법원에서 알려주는 절차대로 진행한 다음에 돈을 받으면 된다.

앞서 언급한 '명도확인서'는 집에 살고 있는 거주자가 낙찰자에게 명도하였음을 확인해주는 서류다. 거주자가 집을 비웠고 난 이 사람에게 집을 줬다는 확인서를 말한다. '인감증명서'는 낙찰자가 명도확인서에 도장을 찍는데 그 도장이 본인 것임을 증명하는 서류다. 주민센터에 가면 발급받을 수 있다. 인감증명서 발급 준비물은 본인의 신분증과 사용할 인감도장 그리고 발급 수수료다. 인감증명서는 최초 발급 이후부터는 신분증과 수수료만 들고 가면 모든 주민센터에서

발급받을 수 있다.

만약에 명도 이전에 이러한 서류를 주는 경우엔 어떻게 될까? 임차인이 돈을 받고 이사를 가면 상관이 없지만, 돈을 받고 이사를 가지 않을 경우엔 문제가 생긴다. 아무리 집주인이라고 하더라도 집 안에 사람이 살고 있을 경우 임의적으로 문을 열면 불법에 해당된다. 그렇기 때문에 법원에서 명도해주는 '강제집행'을 해야 합법적으로 내보낼 수 있다.

그러나 이미 돈을 받은 사람에게는 인도명령(강제집행을 하기 위해 법원으로부터 먼저 받는 집행권원)을 신청할 수가 없다. 이미 임차인이 돈을 받았기 때문에 이 사건은 끝난 걸로 처리가 되기 때문이다. 인도명령을 신청할 수 없고 명도 소송으로 넘어가야 한다. 명도 소송은 6~12개월 정도가 걸리기 때문에 집을 비우기 전에는 어떠한 이유라도 서류를 먼저 주면 안 된다는 걸 명심하길 바란다. 만약 어쩔 수 없는 상황이라면 명도합의서 또는 각서를 작성하기도 한다.

배당금 못 받는
임차인 명도 방법

임차인이 보증금을 아예 못 받거나 손해를 많이 보는 경우다. "안녕하세요. 이번에 낙찰받은 집주인입니다. 잠시 이야기 좀 나눌 수 있을까요?"라고 말을 건다. 그리고 바로 "저랑 재계약을 하시거나 이사를 갈지 정하셔야 됩니다. 그리고 못 받는 보증금은 전 주인에게 소송을 거서서 끝까지 받으셔야 합니다."라고 보증금에 관한 이야기를 먼저 한다. 못 받는 보증금은 나와 상관이 없고 나는 임차인의 편이라는 걸 보여줘야 한다. 상대방의 감정이 나에게 오는 것을 처음부터 막는 게 중요하다. 손해를 보는 임차인은 저항이 있을 수도 있기 때문에, 경매 초보일 때는 이런 경우의 물건은 피하는 것도 좋은 방법이다.

1. 계속 거주하고 싶다고 하는 경우

"이 집에 그대로 사실 경우 보증금 얼마에 월세 얼마로 재계약하셔야 하는데 괜찮으신가요? 생각해보시고 제가 다시 연락드릴 테니 그때 알려주세요."라고 말한다. 괜찮다는 답이 돌아오면 임차인 계약을 하면 된다.

2. 이사를 간다고 하는 경우

"한두 달 정도 이사에 필요한 시간을 드릴 테니 이사 날짜를 잡으시고 연락주세요."라고 말한다. 그런데 임차인이 돈을 못 받는 상황이라 이사비를 요구할 수도 있다. 이런 경우 나는 이렇게 말한다. "원래 임차인분께 이사비 지원은 따로 없습니다. 그런데 이사에 협조해주시면 30만~50만 원 정도까지는 지원해드릴 수 있습니다." 물론 이사비를 주지 않고 마무리해도 되지만, 나는 이왕이면 좋게 마무리하는 걸 선호해서 조금의 손해는 감안하는 편이다.

명 도 합 의 서

수신인 : 박○○

해당 부동산의 표시 : 서울특별시 강서구 화곡동 000-000 102호

발신인 : 홍길동

연락처 : 010-1234-5678

1. 박○○은 상기 부동산을 2021년 11월 15일까지 관리비 및 공과금을 모두 정산한 후, 소유자(홍길동)에게 명도할 것을 약속한다.

2. 1항에 따른 합의로 박○○의 소유권 이전일로부터 1항의 이사일까지 월세를 받지 않기로 한다. or 홍길동의 소유권 이전일로부터 1항의 이사일까지 월세를 지불한다.

3. 이에 따른 증거로 명도합의서를 작성하며, 위 1항에 대해 위반할 경우에는 2항에 대한 사항은 무효로 하며, 이로 인해 발생될 법률적 사항들에 책임을 갖고 월세 및 소송비용 전액을 지불하기로 한다. 또한 수신인과 발신인 모두 1항, 2항에 대하여 약속을 이행하지 않을 시, 위약의 의미로 500만 원을 지급하기로 한다.

2021년 9월 15일

임○○ (인)

주민등록번호 : 000000 - 0000000

휴대폰 번호 : 010-0000-0000

▲ 명도합의서(임차인)

명 도 합 의 서

수신인 : 김○○

해당 부동산의 표시 : 인천광역시 남동구 만수동 ○○○

발신인 : 홍길동
연락처 : 010-1234-5678

1. 임○○은 상기 부동산을 2021년 10월 20일까지 관리비 및 공과금을 모두 정산한 후, 소유자(홍길동)에게 명도할 것을 약속한다.
2. 이에 따른 특약으로는 1항을 준수하는 조건으로, 이사 당일에 이사비 XX만 원을 소유자로부터 받기로 한다.
3. 만약 1, 2항을 지키지 못할 경우에는 이사비는 없는 것으로 하며, 소유권 이전일로부터 공과금 외 월세에 해당하는 금액을 정산하여 소유자에게 지급한다.
4. 이에 따른 증거로 명도합의서를 작성한다.

2021년 9월 15일

임○○ (인)

주민등록번호 : 000000 – 0000000

휴대폰 번호 : 010-0000-0000

▲ 명도합의서(채무자)

3. 거주자가 채무자(이전 소유자)일 경우

임차인이 아닌 집주인이 살고 있는 경우다. "안녕하세요, 이번에 낙찰받은 사람입니다. 이사 관련해서 잠시 이야기 좀 나눌 수 있을까요?"라고 말을 건넨다. 거주자가 채무자인 경우 법으로 정해져 있지는 않지만 이사비를 지원해준다. 암묵적인 룰로 평당 10만 원 정도 잡는다. 만약 15평인 집이면 최대 150만 원까지 지원해주는 식이다. 처음부터 최대로 말하기보다 우선 금액을 낮춰서 말한 다음 늘리는 방법이 좋다. 예를 들어 이사비는 70만 원까지 지원 가능하다고 한 다음, 시간을 두면서 어쩔 수 없이 해주겠다는 식으로 100만 원까지 올리는 것이다.

나는 이 경우 "협조적으로 배당기일 이전까지 이사를 나가주신다면 평당 ○○만 원 지원해드리겠습니다. 그런데 배당기일 이후부터는 어쩔 수 없이 시세에 맞게 월세를 납부해주셔야 시간을 더 드릴 수 있고 연락이 없을 시 강제집행을 진행할 수밖에 없습니다."라고 말한다. 그리고 바로 이사비 지원 조건을 만들어서 보내준다. 예를 들어 9월 10일에 낙찰받았다고 가정했을 때 다음과 같은 조건을 보낸다.

> **[이사 시 - 이사비 지원]**
> 이사를 가실 예정이라면 다음과 같은 조건하에 이사비를 지원해드리겠습니다.

오래 계시는 만큼 제가 들어가는 비용이 늘어나기 때문에 이사비 지원 금액이 줄어듭니다.
- 10월 15일 이전 170만 원
- 10월 31일 이전 130만 원
- 11월 15일 이전 90만 원
- 11월 30일 이전 50만 원
- 12월 15일 이전 10만 원

[연락이 없으실 경우]
시일 내에 법원에서 진행하는 인도명령 및 강제집행이 진행됩니다. 후에 무상 거주 기간에 대한 월세 및 집행 비용 청구 소송이 진행됩니다.
연락처 : 010-1111-2222

    객관적으로 봤을 때 이사 가기 힘든 기간 내에 나가준다면 이사비를 많이 줘도 괜찮다. 집을 빨리 수리하면 임차인을 하루라도 더 빨리 받을 수 있으니 기회비용 측면에서 좋다고 생각하기 때문이다. 그래서 나는 입찰하기 전에 이사비를 넉넉하게 잡고 계산한다. 15평인 경우 150만~200만 원 정도 잡는다. 처음부터 생각해둔 금액이라 이사비를 많이 줘도 무덤덤하게 생각할 수 있다. 반면 이사가 늦어질 경우 이사 비용을 점점 줄인다.

    이러한 조건을 만들어 문자를 보내거나 인터넷 우체국 등기로 보내놓은 후에는 잠시 잊고 지내면 된다. 나는 스트레스를 덜 받으며 내일에 집중할 수 있다. 투자는 스트레스 없이 하는 게 최고다. 참고로 이렇게 중요한 내용은 문자보다는 인터넷 우체국 내용증명으로 보내는 편이다. 내용도 인터넷에 남아 있고, 무게감이 있어 보인다.

지금까지 거주자에 따른 명도 대처 방법을 살펴봤다. 물론 이 외에 또 다른 예기치 못한 상황이 생길 수도 있다. 당황스러운 상황이 생길 경우 그 자리에서 바로 해결하지 말고 제3자와 상담을 해보겠다고 말한 후 집에서 충분히 생각을 한 다음 대처하는 게 좋다. 당황하거나 촉박한 상황에서는 옳은 판단을 하기 힘들다.

명도하는 날
필수 체크리스트

명도하는 날 필수적으로 확인해야 하는 것들이 있다.

1. 이사하는 날 집에 하자가 있는 부분이 있는지 거주자에게 물어보며 체크한다. 살면서 불편했던 부분을 물어보면서 나중에 수리를 해야 할지 미리 판단하는 것이다.
2. 쓰레기나 가구를 두고 가지는 않는지 확인한다. 간혹 쓰레기나 책상, 장롱을 두고 가는 경우가 있다. 직접 처리하려면 돈이 들어가므로 전부 가져가라고 말해줘야 한다.
3. 공과금을 다 정산했는지 물어보고, 안 했다면 그 자리에서 납

부하게끔 한다.

4. 현관문 열쇠를 받거나 비밀번호를 변경한다.

5. 모든 걸 끝낸 뒤 명도확인서와 인감증명서를 건네주고 빈집을 둘러보며 수리할 부분이 있는지 체크한다. 기억하기 어려울 것 같다면 동영상을 찍어두면 된다.

6. 반장님이나 거주자에게 관리비를 물어보고 관리비에 어떤 것이 포함되는지 확인한다. 집을 내놓을 때 알고 있어야 하는 부분이다.

나 같은 경우 처음에 이런 것도 모르고 명도를 하느라 꽤나 고생한 기억이 있다. 여러분은 내가 했던 고생을 하지 않았으면 한다. 참고로 이 체크리스트를 인쇄해 하나씩 표시하면서 확인하는 걸 추천한다. 명도하는 날은 정신이 없어서 분명히 한 가지씩 빼먹게 된다.

요약 정리

1. 연락처를 잘 받아두자
2. 거주자에 따라 다른 명도 전략을 세우자
3. 명도하는 날 체크리스트를 뽑아 가자

명 도 확 인 서

사건번호 : 2000-0000

이 름 :

주 소 :

위 사건에서 위 임차인은 임차보증금에 따른 배당금을 받기 위해 낙찰인에게 목적부동산을 명도하였음을 확인합니다.

첨부서류 : 낙찰인 명도확인용 인감증명서 1통

2021년 10월 20일

낙 찰 인   (인)

연 락 처 : 010-1234-5678

인천지방법원 부천지원 귀중

☞ **유의 사항**
1) 주소는 입찰기록에 기재된 주소와 같아야 하며, 이는 주민등록상 주소이어야 합니다.
2) 임차인이 배당금을 찾기 전에 이사를 하기 어려운 실정이므로, 낙찰인과 임차인간에 이사 날짜를 미리 정하고 이를 신뢰할 수 있다면 임차인이 이사하기 전에 낙찰인은 명도확인서를 해줄 수도 있습니다.

▲ 명도확인서

걱정 끝!
강제집행에 대한 모든 것

우리에겐
무적의 카드가 있다

전략적으로 명도를 진행했는데도 잘 해결되지 않았다면 어떻게 해야 할까? 계속 가만히 기다려야 할까? 걱정하지 않아도 된다. 우리에게는 무적의 카드, 강제집행이 있다. 강제집행을 신청하게 되면 법원에서 집을 비워주는 일 즉, 명도를 대신 해준다. 강제집행을 진행하지 않더라도 관련 내용을 미리 알아두면 좋다. 강제집행을 언제 해야 할지, 절차와 비용은 어떠한지, 명도 시 이사비를 지원해주는 이유는 무엇인지에 대해서 이야기해보겠다.

강제집행은 언제 해야 할까? 거주자와 끝까지 연락이 닿지 않을 때다. 집에 찾아갔는데 부재중이라 메모를 남겼으나 연락이 없고, 사건 열람까지 했는데 그 안에 연락처가 없으며, 낙찰 이후 한두 달이 지났을 때다. 이제 강제집행을 통해서 문을 열어야 한다. 앞서 말했듯이 내가 집주인이더라도 임의로 문을 열면 그건 불법이다. 그래서 강제집행을 통해서 문을 열어야 한다. 임차인이나 채무자가 명도를 안 해줄 때, 3~4개월의 충분한 시간을 줬는데도 계속 시간을 더 달라면서 지체할 경우에도 강제집행을 해야 한다.

현명한 투자자는 투자를 실행하기 전에 최악의 경우를 생각해보고 해결 방법을 찾는다. 그리고 내가 감당할 수 있다고 판단했을 때 행동한다. 그러니 우리에게도 강제집행이라는 최후의 카드가 있기 때문에 명도를 두려워할 필요가 없다.

강제집행 절차

1. 인도명령 신청을 한다

인도명령이란 부동산을 명도받기 위해 법원으로부터 받아내는 집행권으로, 법원이 채무자 등 현 점유자에게 내리는 명령이다. 인도명령은 낙찰 대금을 납부하고 나서 6개월 이내에 신청할 수 있다. 만약 6개월이 지나면 인도명령은 할 수 없고 명도 소송을 해야 한다. 그런데 명도 소송은 시간이 오래 걸리니 인도명령을 미리 해두면 좋다. 법무사가 대출금을 받아서 잔금 처리하러 법원에 갈 때 인도명령을 같이 해달라고 부탁하면 보통 무료로 인도명령 신청을 같이 해준다.

2. 인도명령 신청 후 일정 기간이 지나면 인도명령이 난다

인도명령이 나면 내가 강제집행을 신청하고 싶을 때 신청하면 된다. 직접 법원에 가서 신청을 해도 되고 아니면 법원 근처에 있는 법무사에게 대행을 맡겨도 좋다. 대행 수수료는 15만~25만 원 정도지만 법무사마다 조금씩 차이가 있다. 강제집행을 신청하는 방법은 법원마다 다르기 때문에 직접 신청할 경우 미리 법원에 전화해서 절차를 알아보고 가면 시간을 아낄 수 있다.

3. 강제집행 신청까지 마치면 담당 집행관에게 전화가 온다

계고장(경고장)을 붙일 거라면서 관련 절차를 알려줄 것이다. 계고장은 '기한 안에 집을 비워주지 않으면 강제집행 하겠다'는 경고문이다. 보통 계고장을 붙이고 나면 이때부터 협조적으로 나오는 경우가 많다. 그런데 만약 이때도 협조하지 않는다면 추후 강제집행을 실행하게 된다.

4. 강제집행을 진행한다

강제집행을 실행할 때는 담당 집행관과 보조원들, 본인 그리고 중인 2명이 동행한다. 보조원이 문을 열고 그 안에 있는 짐을 다 꺼내 창고로 옮겨서 보관해준다.

5. 명도가 완료되며, 짐은 창고에 보관된다

거주자가 창고로 가서 바로 짐을 받아 가면 좋지만 받아 가지 않는 경우도 있다. 그럼 이때 창고 보관료가 발생하는데 이 비용은 보통 낙찰자가 지불한다. 그래서 오랜 기간 짐을 찾아가지 않을 경우에는 짐들을 경매 신청할 수 있다. 경매 신청을 걸고 본인이 다시 낙찰받아 폐기 처리하는 경우도 있다. 왜냐하면 오래 보관해야 할 경우 창고 보관료가 계속 들어가기 때문에 아예 본인이 사서 버리는 게 낫다고 판단한 것이다.

강제집행 비용은 얼마나 들까

자, 이제 가장 중요한 강제집행 비용이다. 강제집행은 대략 평당 10만 원이 들어간다. 물론 집, 환경, 창고 보관료에 따라서 비용은 더 들어갈 수도 있다. 예를 들어 사다리차가 필요하거나 또는 짐이 많아 트럭이 더 필요한 집일 경우 추가 비용이 생긴다.

채무자에게 이사비를 지원해주는 이유가 여기 있다. 강제집행을 하게 되면 비용과 시간이 많이 들어가고, 스트레스도 만만치 않기 때문이다. 처음부터 원만하게 협상하기 위해서 강제집행 비용만큼의 이사비를 지원해주는 것이다. 투자에 있어서 돈도 중요하지만, 시간도 중요하다. 빨리 사람을 내보내야 대출 이자도 마무리 지을 수 있고 임차인도 빨리 구할 수 있다. 채무자는 이러한 시스템을 알고 있기에 이사비를 요구하는 것이다.

눈앞에 있는 단기적인 이득만 생각하기보다 멀리 내다볼 줄 알아야 한다. 강제집행 비용이 나중에 추가적으로 들어가면 큰 손해가 생길 수 있다. 거주자가 빨리만 나가준다면 이사비를 지원해주는 방법이 좋을 수 있다. 하지만 터무니없는 비용을 원한다면 휘둘리지 말고 강제집행을 진행하면 된다.

직접 가지 않고
명도하는 비결

내성적인 건물주가
명도할 때

처음으로 부동산을 낙찰받고, 거주자의 연락처를 받기 위해 해당 집으로 향했다. 머릿속으로 수없이 시뮬레이션을 했지만 떨리는 건 어쩔 수 없었다. 문 앞에서 발만 동동거리며 30분을 서성였다. '차라리 안에 아무도 없었으면 좋겠다.'라고 생각했다. 그렇게 문 앞에서 서성이다가 안에서 사람이 움직이는 소리가 들리면 후다닥 도망갔다.

동네를 한 바퀴 걸으면서 다시 한번 생각을 정리하고 용기를 내어 문을 두드렸더니 할머니 한 분이 나왔다. 나도 모르게 내가 낙찰자가 아니라 경매로 이 집을 낙찰받은 대표님의 직원이라고 소개했다. 그때부터 마음이 한결 편안해지기 시작했다. 어린 나이였기에 명도에 대한 부담이 컸던 나에게 꽤 좋은 방법이었다.

그다음 명도 과정에서도 나는 직원인 척하며 거주자를 만났다. 마음에 안정감이 생길 뿐만 아니라 현명한 선택을 할 수 있는 시간을 만들어주는 방법이다. 거주자에게 당황스러운 질문을 받으면 '대표님께 물어보고 알려주겠다'고 한 뒤 집에서 충분히 생각해보고 답할 수 있다.

편지로 명도하는 방법

이후에는 더 간편하게 명도할 수 있는 방법이 없을지 생각했다. 낙찰받은 후 집을 가보지 않고 '편지'를 보내는 방법이 떠올랐다. 내가 하고 싶은 말을 다 적어 보낼 수 있고, 읽는 사람도 이해가 될 때까지 여러 번 읽을 수 있다는 장점이 있다. 그리고 집에 직접 방문하지 않아도 되니 시간도 벌 수 있었다.

낙찰받은 날 여유 있게 명도 전략을 세우고 내용증명과 우편을 준비한다. 내용증명은 받는 사람이 집에 있어야 하고 세 번을 받지 못

하면 반송되기 때문에 우편함에 두고 올 수 있는 등기도 같이 보내면 좋다. 편지에는 내가 낙찰자임을 밝히고 앞으로의 진행 상황을 알려주는 내용을 담는다. 거주자와 원만히 합의하길 원한다는 내용을 부드러운 어투로 보낸다. 그렇다고 너무 부드럽게만 말하면 안 된다. 강압적인 말투는 피하지만, 강제집행에 대한 언급은 하는 것이 좋다. 그리고 마지막에 '위의 내용들은 협조를 안 했을 때 실행한다는 것이지, 원만한 협의를 할 경우에는 절대 그럴 일 없으며 나도 좋게 협의할 의사는 분명히 있다'고 덧붙인다.

이후 거주자와 통화(조건을 설명할 때는 반드시 문자로)가 된다면 충분한 대화와 협의를 한 후, 거주자를 만나서 명도합의서를 작성한다. 거주자와 만날 땐, 낙찰받은 집에서 보는 게 좋다. 상대방을 만나 원활한 대화를 나누는 것만큼 중요한 게 집의 상태를 확인하는 일이다. 또 직접 방문하겠다고 하면 상대방 입장에서도 본인을 배려해준다고 느낄 것이다. 거주자를 만나러 가기 전에 명도합의서를 임의로 2장 작성해 간다. 내용증명 또는 명도합의서 예시가 필요하다면 '내성적인 건물주' 카페에서 다운받을 수 있다.

Chapter 9

시간은 금, 효율적으로 관리하자!

01
가성비 좋게 인테리어 하는 방법

내 집이 아니라 임대가 목적이다

명도가 끝나고 나면 집 수리를 진행한다. 인테리어는 깔끔하고 심플하게 최소한으로 진행하는 게 좋다. 수리 비용이 많이 들어가게 되면 그만큼 수익률이 떨어지기 때문에 가능한 한 최소로 진행한다. 물론 인테리어를 잘 해두면 임차인을 빨리 구할 수도 있고, 월세를 올릴 수도 있지만 나는 저렴한 비용으로 가성비 좋은 방법을 추구하는 편이다. 이때 반드시 주의할 점이 있다. 인테리어 비용은 업체마다 부르는 가격이 천차만별이다. 다소 귀찮더라도 돈을 아끼기 위해 견적 비교는 꼭 해야 한다. 이곳저곳 많이 알아볼수록 수익률이 올라갈 것이다.

임차인이 집을 볼 때 중요하게 생각하는 것들은 도배, 장판, 조명, 화장실, 싱크대 등이다. 화장실, 싱크대 같은 경우 비교적 비용이 많이 들어간다. 화장실 전체를 수리하려면 150만~200만 원이 넘어가기도 하고, 싱크대는 150만 원 정도 한다. 그렇기 때문에 화장실과 싱크대는 웬만하면 그대로 쓰는 게 좋고 오래된 것만 부분적으로 교체하면 된다. 입찰하기 전부터 수리비를 넉넉하게 잡고 싱크대는 대리석으로 교체하는 것도 괜찮은 방법이다. 보통 빌라 같은 집은 부부 입주자 중에서도 아내의 마음에 드는 것이 중요한데, 싱크대는 첫 이미지를 좋게 만들기 때문이다.

본격적인 인테리어 과정

집 수리를 도대체 어떻게 해야 할지 처음에는 감이 오지 않을 것이다. 그동안 내가 경험했던 수리 과정들을 자세하게 공개하겠다.

명도가 끝나고 나면 우선 집을 둘러본다. 그리고 수리가 필요한 부분을 메모한다. 어떤 부분을 수리해야 할지 감이 안 올 경우, 인테리어 업체 사장님들에게 의견을 구하면 된다. 인터넷에 검색해 여러 업체 중에서 마음에 드는 곳 서너 군데를 정하고 전화를 건다. 집을 수리한 다음 임대를 내놓을 예정이라고 말한 뒤 견적을 내달라고 한다. 견적을 받아 업체별로 가격을 비교한 다음 가장 저렴한 곳으로 진행하면 된다. 인테리어는 시작하고 나서 보통 1~2주 이내로 끝나는 편이다. 인테리어 업체에 전화를 걸어 전하는 내용은 보통 이렇다.

> 안녕하세요, 사장님. 제가 집을 내놓으려고 하는데 깔끔하고 저렴하게 인테리어를 하려고 합니다. 항목별로 견적 좀 내주실 수 있나요? 인천 만수동이고 상세 주소와 어떤 부분을 수리할지는 문자로 남겨드리겠습니다.

'깔끔하고 저렴하게' 수리하고 싶다고 말하면서 항목별로 견적을 내달라고 하면 좋다. 그렇지 않으면 전체적인 총 견적을 알려줄 수 있으니 주의해야 한다. 항목별로 견적을 요청하면 도배, 장판, 화장실 변기 등 세분화해서 금액을 알려주기 때문에 다른 업체들과 견적을 비교할 때 훨씬 수월하다. 무엇을 수리해야 할지 감이 안 올 때는 '수리해야 할 부분을 견적을 내달라'는 식으로 말하면 된다.

다음 문자는 내가 실제로 인테리어 업체에 보냈던 내용이다. 이렇게 하나하나 자세하게 보내주면 좋다. 견적을 받아서 여러 업체를 비교한 다음 저렴한 방향으로 조절하면서 금액을 최소화하면 된다.

예를 들어 A, B 두 업체를 조사했는데 A업체에서 변기가 30만 원 B업체에서는 15만 원이라고 한다. 이때 A업체에서 받은 총 견적 금액이 마음에 든다면, A업체의 사장님에게 "변기는 15만 원 정도로 더

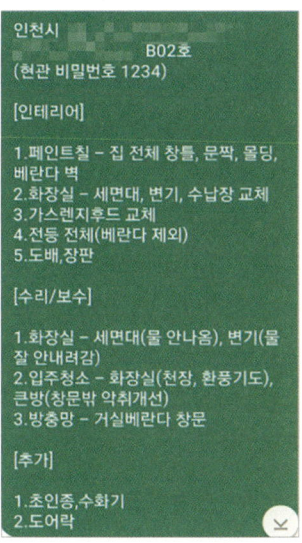

▲ 인테리어 업체에 보낸 문자

싼 건 없나요?"라고 물어보면 된다. 이렇게 하나씩 조절해가면 된다. 물론 본인이 직접 수리할 수 있는 부분들은 인터넷으로 부품을 사서 진행해도 좋다. 문고리나 전등 같은 경우 직접 사서 교체하는 분들도 있다. 나는 시간을 돈으로 사는 편이라 대부분 한 업체에 일을 모두 맡기는 식으로 진행한다.

처음에는 수리 업체를 알아보느라 시간이 조금 걸릴 테지만, 나중에는 굳이 이곳저곳 알아볼 필요 없이 함께 일했던 분들과 진행할 수 있으니 점점 수월해질 것이다. 이런저런 경험을 하면서 각 분야에 맞는 전문가들을 알아가면 좋다. 참고로 '숨고'나 '하우스텝' 사이트에서 시공 견적을 비교하는 방법도 있다. 이런 사이트를 잘 이용하면 시중보다 저렴하게 도배나 수리를 할 수도 있다.

아래는 내가 실제로 낙찰받았던 집이다. 인테리어 전에는 곰팡이도 있고 많이 지저분해 보인다. 하지만 단지 관리가 잘 안 되었던 것 뿐이지 수리와 청소를 잘 마치고 나면 몰라보게 깔끔해질 수 있다.

수리를 마치고 나니 딱 봐도 깔끔하고 밝은 집이 되었다. 이 정도면 누가 들어와서 살아도 충분히 살 만하다. 도배, 장판, 페인트칠 등을 하고 전등을 갈았다. 물론 집마다 다르겠지만 이 집은 이 정도만 해도 보기가 좋아졌다. 수리는 너무 과하게 할 필요 없다.

▲ 인테리어 전

▲ 인테리어 후

합계금액(공급가액+세액)			삼백삼만원 整(₩ 3,030,000)				
품 명	규격	수량	단가	공급가액	세액	비고
도 배 (소 폭)				600,000		
장 판 (1 . 8 T)				570,000		
페 인 트				700,000		
세면기(카운터세면기)				250,000		
가 스 렌 지 후 드				70,000		
변 기				150,000		
수 납 장				40,000		
도 어 락				90,000		
수 화 기 초 인 종				200,000		
조 명						
방 등		3개	40,000	120,000		
거 실 등 (4 등)		1개	120,000	120,000		
주 방 등		1개		50,000		
센 서 등				30,000		
배 란 다 등		2개	20,000	40,000		

▲ 인테리어 비용 견적서

　이렇게 수리하는 데 비용은 얼마 정도 들어갔을까? 첫 번째 인테리어 업체를 조사했는데 430만 원, 두 번째 업체는 350만 원, 세 번째 업체는 460만 원을 제시했다. 여기서 조사를 그만하고 350만 원으로 진행할까 하다가 한 곳만 더 알아보자는 마음으로 다른 업체에 전화해 견적을 요청했다. 그런데 그곳에서 300만 원이라는 견적을 받았다. 여기서 수리를 제외할 부분은 빼고 최종적으로 260만 원으로 진행했다. 이렇게 인테리어 업체마다 금액 차이가 굉장히 크다. 조금 더 수고스러웠지만 많은 돈을 아꼈고 그만큼 수익률은 올라갔다.

　인테리어가 다 끝나고 나면 입주 청소를 한다. 입주 청소를 전문으로 하는 업체에 맡기면 화장실, 방바닥, 문틀 등 구석구석 청소를 해준다. 물론 본인이 직접 해도 되지만 전문가에게 맡기는 게 훨씬 낫다. 비용은 보통 평당 1만 원 정도다. 예를 들어 15평이라면 넉넉잡아

20만 원 정도라고 생각하면 된다. 인터넷에 '○○동 입주 청소'라고 검색하면 리스트가 나올 것이다. 두세 군데 전화해서 견적을 비교하고 진행한다. 이렇게 청소까지 다 끝났다면 가서 확인하고 사진을 찍어 둔다. 이 사진은 임차인을 구하기 위해 집을 내놓을 때 이용한다.

 TIP

내부 사진을 찍을 때 전등이 잘 보이게 찍으면 좋다. 전등이 보이면 집이 훨씬 밝고 예뻐 보인다.

02 의외로 단순한 임차인 구하기

미끼가 많을수록 빨리 잡는다

임차인을 빨리 구하기 위해서는 당연한 말이지만 최대한 여러 곳에 집을 내놓아야 한다. 이는 기본 중의 기본이다. 보통 집을 내놓을 때 집 주변 한두 군데만 올려두고 기다리는 사람도 있다. 하지만 물고기를 잘 잡기 위해 미끼를 많이 뿌려놓는 것처럼, 임차인을 빨리 구하려면 최대한 여러 곳에 내놓아야 한다. 나는 다음 두 가지 방법을 이용한다.

1. 방 구하기 플랫폼을 이용한다.

2. 공인중개사 사무소에 직접 내놓는다.

먼저 방 구하기 플랫폼은 '다방, 직방, 피터팬의 좋은 방 구하기' 등을 이용한다. 다방과 직방은 '방 내놓기'라는 기능이 있어서 이걸 이용하면 쉽고 편리하다. 방을 내놓으면 사이트에서 알아서 홍보도 해주고 부동산 업체들이 임차인을 데리고 온다. '피터팬의 좋은 방 구하기'라는 카페에는 지역별 게시판이 있는데, 이곳에 직접 글을 올린 다음 일주일마다 업데이트를 해주면 된다.

> [동부초 근처] 반지층 빌라 쓰리룸 500/30 or 300/32
> 특징 : 동부초등학교 바로 옆 / 도보 5분 거리 버스 정류장 / 집 근처 카페, 편의점
> 구조 : 거실 및 주방, 방 3, 화장실 1, 발코니 2 (16평)
> 상태 : 도배, 장판, 리모델링, 입주 청소 완료했어요!
> 　　　즉시 입주 가능합니다. 살고 있었던 가족들은 3년 동안 거주하다가 나가셨어요. 환기도 잘 되고 햇빛도 잘 들어요^^

카페에 올릴 글은 이런 식으로 적으면 된다. 우선 보기 쉽게 집 근처 랜드마크를 먼저 적어둔다. 그리고 생각하는 금액을 적고 집의 특징, 구조, 상태로 나눠서 보기 좋게 정리한다. 마지막으로 집의 장점을 간단하게 적어두면 임차인에게 어필하기 좋다. 해당 집은 반지하이

기 때문에 환기도 잘 되고 햇빛도 잘 들어온다는 점을 강조했다.

공인중개사 사무소에 집을 내놓을 때도 직접 방문하는 대신 인터넷으로 먼저 알아본 다음에 전화를 한다. 인터넷 지도에 집 근처 공인중개사 사무소를 검색한 후 리스트 중에서 10여 곳을 고른다. 전화를 걸어 임대 조건을 다 설명해주지 않고 "방 내놓으려고 하는데 핸드폰 번호 좀 알려주세요."라고 말한다. 전화로 설명하다 보면 시간도 오래 걸리고 힘들기 때문이다. 핸드폰 번호를 모아서 단체 문자로 한 번에 보내면 간편하다.

문자에는 '주소, 보증금/월세, 관리비, 평수, 방 구조, 비밀번호, 특징' 같은 내용을 적어 보낸다. 추가로 주의할 점도 있다면 같이 보낸다. '현재 공실이고 청소 다 했으니 신발 벗고 이용해주세요.'라는 식으로 보내면 된다. 이렇게 단체 문자로 보내게 되면, 나중에 월세를 조정하거나 방이 나갔으니 물건을 내려달라고 할 때도 일일이 전화를 돌릴 필요 없이 간단하게 문자로 보내면 되니 편리하고 좋다.

> **📍 TIP**
>
> 빌라 같은 경우는 방 구하기 플랫폼을 보고 직접 연락 오는 경우가 많다. 직접 연락 오는 경우에는 직거래 계약으로 유도한다면 중개 수수료를 아낄 수 있다.

03
가장 행복한
임대차계약 방법 및 관리

집을 내놓고
계약하는 과정

방을 내놓고 기다리다 보면 문의 전화가 올 것이다. 두 가지 경우로 나눠보자. 첫 번째, 공인중개사에게 연락이 오는 경우인데 대응 방법은 간단하다. 도어락 비밀번호를 알려주고 청소 다 했으니 신발을 벗고 들어가달라고 당부하고, 나올 때는 꼭 불을 끄고 나와달라고 말해주면 된다.

두 번째, 세입자에게 직접 전화가 오는 경우다. 비밀번호를 바로 알려주지 말고 일단 "제가 지금 멀리 나와 있어서 집을 혼자 보셔야 하는데 괜찮으세요?"라고 물어본다. 대부분 혼자 보는 게 편하기 때문에 좋다고 할 것이다. 그다음에 "문 앞에 도착하시면 저한테 전화주세요."라고 말한 뒤 전화가 오면 마찬가지로 "비밀번호는 ○○○○입니다. 청소가 다 되어 있어서 신발 벗고 들어가시고 나오실 때는 불다 꺼주세요."라고 말하면 된다. 간혹 신발을 신은 채 둘러보고 불도 켜놓고 가는 사람도 있기 때문에 꼭 언급해줘야 하는 부분이다.

세입자가 집을 둘러본 후 계약을 하고 싶다는 의사를 밝히면 다음과 같이 돈을 받으면 된다. 먼저 세입자에게 가계약금을 받는다. 가계약금은 계약서를 작성하기 전까지 집을 잡아두기 위한 금액이다. 집을 내가 계약할 거니까 다른 사람들에게 보여주지 말라고 가계약금을 걸어두는 것이다. 보통 가계약금은 계약금의 10%이지만 소액 빌라 같은 경우 금액이 너무 적기 때문에 나는 보통 10만~20만 원 정도를 받아둔다. 가계약금을 받으면 중개 내놓은 것들을 다 내려야 하지만, 만약 가계약금을 못 주겠다고 한다면 '그러면 어쩔 수 없이 중개 내놓은 것들은 계속 그대로 두겠다'고 말해도 된다.

계약서 작성 날짜를 정한 뒤 만나서 계약서를 작성할 때 계약금을 받는다. 계약금은 보증금의 10%이다. 가계약금을 미리 받았다면 계약금에서 가계약금을 제하고 받는다. 마지막 남은 잔금은 보통 이사하는 날 받는다. 이사하는 날 잔금을 확인하고 짐을 옮기라고 이야기해주면 된다.

임대차계약의
두 가지 방법

첫 번째, 공인중개사 사무소에서 계약하는 경우다. 공인중개사 사무소에서 계약할 때는 중개사분들이 다 미리 준비해두기 때문에 본인의 신분증, 도장 그리고 중개 수수료만 챙기면 된다. 중개 수수료는 중개사에게 얼마인지 미리 물어보거나, 인터넷에서 중개 수수료 계산기를 검색해서 알아보고 가면 좋다.

두 번째, 임차인과 직접 계약하는 방법이다. 중개 사이트에 올려둔 글을 보고 임차인이 직접 연락한 경우에는 직거래 의사가 있는지 물어본다. 직거래로 계약할 건지 공인중개사 사무소에서 계약할 건지 물어본다. 이때 직거래의 장점을 이야기해주면 좋다. 직거래를 하는 경우 중개 수수료가 안 들어가는데, 만약에 불안하다면 그냥 공인중개사를 통해 계약하자고 제안하면 된다.

임차인이 직거래로 계약하자고 할 때는 미리 준비할 게 있다. 인터넷에서 임대차계약서 양식을 다운받아 미리 출력하고, 인터넷 등기소에서 등기부등본을 발급받아 챙겨 간다. 등기부등본은 내가 해당 집의 소유주임을 보여줄 수 있는 중요한 자료다. 임대차계약서 양식을 구하기 힘들면 '내성적인 건물주' 카페에서 무료로 다운받아 이용하면 된다.

임대인이 준비할 것은 임대차계약서 2부, 등기부등본 1부, 본인 신분증과 도장이다. 그리고 임차인에게도 미리 챙겨야 할 준비물을 말해준다. 임차인 신분증, 도장 그리고 계약금(가계약금 제외)이다. 임차인이 계약금을 현금으로 줄 경우 계약금 영수증을 달라고 할 수도 있다. 영수증 양식은 직접 만들어서 가도 되고, 계좌 이체로 진행하는 경우 거래 내역에 기록이 남기 때문에 영수증이 없어도 괜찮다고 말해준다. 직거래는 집 근처 카페나 계약하려는 집에서 진행한다. 나는 보통 카페에서 진행한다.

계약할 때 주의해야 할 부분이 있다. 계약서 맨 아래 특약 사항이 있는데, 이 부분에 임대인이 하고 싶은 말을 적으면 된다. 나는 특약 사항 칸에 보통 다음과 같은 내용을 적는다.

> '현 상태로 계약한다.'
> '나가기 두 달 전 임대인에게 고지한다.'
> '계약 기간 이전에 나가는 경우 임차인이 새로운 임차인을 구해놓고 중개 수수료를 지불해야 한다.'
> '임대인 허락 없이 집을 수리하지 않는다.'

현 상태로 계약한다는 건 부동산의 지금 상태로 계약한다는 뜻이다. 두 달 전에 고지를 해달라는 건 임차인이 나가면 새로운 임차인을 구할 시간이 필요하기 때문이다. 계약 기간 이전에 나가는 경우 계약 파기이므로 기존 임차인은 새로운 임차인을 구할 때까지 임대료를 지불해야 할 의무가 있다. 따라서 임차인을 새로 구해놓고 가거나 새로운 임차인이 들어오기 전까지 월세를 지급해야 하며 보증금은 미리 받을 수 없다. 또한 임대인이 지불할 중개 수수료에 대해서도 책임을 져야 한다. 마지막으로 임차인이 집을 마음대로 수리한 후 돈을 달라고 영수증을 첨부하는 경우가 있기에, 이 부분에 대해서는 먼저 상의를 해야 한다고 명시하는 게 좋다.

이렇게 임차인까지 구하고 나면 비로소 황금알을 낳는 거위가 만들어진 것이다. 앞으로 우리가 할 일은 월세를 받는 것만 남았다. 나는 이렇게 수익이 들어오는 파이프라인을 하나씩 늘려가고 있다. 월급 외 수익을 만들어가는 재미있는 인생을 여러분도 경험해보길 바란다.

전체 과정 정리하기

지금까지 살펴본 경매 전체 과정을 다시 한번 정리해보자.

1. 경매 사이트를 통해서 마음에 드는 물건을 고른다.
2. 권리분석을 통해 집에 문제가 있는지 없는지, 물어낼 돈이 있는지 없는지 파악한다.
3. 권리적으로 문제가 없다면 물건 조사로 넘어간다. 감정평가서

사진을 통해서 건물 외관 및 내부 구조도를 체크한 다음, 인터넷 지도를 이용하여 집 주변에 어떤 것들이 있는지 확인한다.

    4. 방 구하기 플랫폼이나 공인중개사 사무소를 통해 시세를 조사한다.

    5. 직접 현장에 가서 실제 외관이나 주변 환경, 대중교통, 공실 등을 체크한다.

    6. 대출 및 수익률을 계산해보고 법원에 입찰하러 간다.

    7. 부동산을 낙찰받게 되면 법무사를 통해서 대출을 비교하고 명도를 진행한다.

    8. 명도 이후 집을 수리하고 임차인을 구한다.

낙찰을 받고 임차인을 구하기까지 대략 6개월 정도 소요된다. 이러한 전체 과정이 다 끝나면 이제 월세를 받는 일만 남은 것이다.

부동산 관리 노하우

부동산 관리는 어떻게 해야 할까? 일단 본인만의 기준을 정해야 한다. 나의 기준은 이렇다. 건물의 노후로 인해 집이 제 기능을 못 하는 경우 고민 없이 수리해준다. 예를 들어 보일러가 고장 나서 온수가 안 나오거나 싱크대 역류, 재해로 인한 창문 깨짐, 노후로 인한 변기 깨짐 같은 경우다. 반면 소모품이나 적은 비용이 들어가는 건 임차인에게 하라고 말한다. 예를 들어 전구 교체, 방충망 일부 찢어짐 같은 경우다. 본인 과실로 인해 망가진 건 당연히 임차인이 수리를 해야 한다. 수리에 대한 기준은 따로 없으니 스스로 기준을 미리 정리해두길 바란다.

집을 수리해야 할 상황에서 일을 처리하는 방법은 세 가지가 있다. 첫 번째, 임차인에게 연락을 받으면 알아보고 다시 연락주겠다고 한 후 인터넷으로 여러 업체를 비교한다. 그중에서 가장 저렴한 곳에 연락해 수리를 맡긴다. 이렇게 진행하면 직접 방문하지 않고 전화만으로도 쉽게 해결할 수 있다. 두 번째, 내가 알아볼 시간이 없다면 임차인에게 수리를 맡기고 영수증을 첨부하면 돈을 보내주겠다고 말한다. 나는 보통 임차인에게 수리를 맡기고 돈을 보내주는 식으로 진행한다. 이렇게 진행하면 회사를 다니면서도 충분히 관리할 수 있다. 세 번째, 크게 어려운 일이 아니거나 급한 일이 아니면 임대인이 직접 방문해 수리해주기도 한다. 주말이나 시간이 되는 날 해결하면 된다.

참고로 나는 집 수리와 관련된 일은 대부분 전문가에게 맡기는 편이다. 돈으로 시간을 벌고 그 시간 동안 나의 일을 할 수 있기 때문이다. 모든 과정에서 정답은 없다. 본인의 성향에 맞게 맞춰나가면 된다.

부동산을 손쉽게 관리하는 초간단 노하우

부자들만 알고 있는 시간을 버는 법

보유하고 있는 부동산에 손봐야 할 작은 일이 생겼을 때 직접 방문해 처리하는 것이 부담될 수 있다. 시간이 없을 수도 있고 귀찮을 수도 있다. 지금부터 직접 집에 방문하지 않고도 손쉽게 처리할 수 있는 나만의 노하우를 공개하겠다.

부동산 투자를 하는 사람들은 집을 관리하는 스타일이 저마다 다르다. 어떤 사람은 수리나 청소에 적극적으로 참여한다. 페인트칠을 하고, 창문 틈을 걸레로 닦고, 전등을 간다. 스스로 할 수 있는 것은 최대한 직접 관리하면서 돈을 아낀다. 그리고 즐거움과 보람도 느낀다. 반면 어떤 사람은 집을 관리할 때 최소한의 에너지만 쓴다. 수리나 청소 등 웬만한 건 돈으로 해결한다. 최대한 직접 방문하는 일이 없도록 머리를 굴린다. 돈을 써서라도 시간과 에너지를 벌어 다른 곳에 활용할 수 있기 때문이다. 본업에 집중해서 수익을 올리거나, 다음 투자를 위해 물건을 검색하거나, 공부를 하거나, 휴식을 취할 수 있다.

지금부터 할 이야기는 집을 관리할 때 최소한의 에너지만 쓰고 싶은 사람들을 위한 노하우다. 영화 〈기생충〉에서 배우 이선균은 성공한 사업가로 등장한다. 그리고 이선균은 운전기사와 가사도우미를 두고 있다. 운전기사와 가사도우미는 월급을 받고 이선균을 대신해서 일한다. 부자들이 이렇게 돈을 주고 사람을 쓰는 이유는 무엇일까? 운전과 청소는 사실 그렇게 어려운 일은 아니다. 그래서 어떤 사람들은 의아해할 수도 있다. 왜 굳이 거기에 돈을 쓰나 싶을 것이다. 직원들에게 월급을 주는 대신에 직접 운전하고 밥을 해 먹으면서 돈을 아끼는 게 좋다고 생각할 수도 있다.

하지만 부자들의 가치관과 사고방식은 조금 다르다. 일이 어려워서 다른 사람에게 맡기는 것이 아니다. 시간과 에너지를 확보하기 위해 단순한 일을 다른 사람에게 위임하는 것이다. 식단을 짜고, 밥을 만들고, 설거지를 하고, 운전을 하는 데 시간을 쏟지 않는다. 그렇게 확보한 시간과 에너지로 더 가치 있거나 생산성 있는 활동에 활용한다. 돈을 더 많이 벌 수 있는 중요한 결정을 하거나 교육을 받거나 아이디어를 떠올린다. 아니면 휴식을 취하면서 최상의 컨디션을 만든다.

내가 최근에 부동산을 관리하면서 위임을 활용했던 좋은 사례를 소개하려고 한다. 부동산을 운영하다 보면 자잘한 일을 처리하러 직접 집에 방문하는 것이 귀찮게 느껴질 때가 있다. 그래서 나는 항상 누군가가 저렴한 비용으로 일을 대신 해주길 바랐다.

하루는 개봉동에 있는 빌라 수리를 앞두고 한 가지 고민에 빠졌다. 약간의 습기가 있는 집은 새 장판을 깔기 전에 기존 장판을 걷어 놓아야 한다. 장판을 걷어서 바닥을 말려놓지 않으면 장판을 갈아도 집이 금방 습해지기 때문이다. 바닥에 흡수되었던 물까지 말리기 위해서는 장판을 다 걷고 보일러를 틀어놔야 한다. 그런데 내가 직접 장판을 걷으러 가기에는 거리가 좀 있어서 꽤나 번거로운 일이었다.

그러다 '이 일을 대신 해줄 사람이 없을까' 하는 생각에 인테리어 업체와 청소 업체에 연락을 돌렸다. 그런데 마진이 안 나오는지 이런 작은 일들을 대신해주는 곳은 거의 없었다. 해주겠다는 곳에서는 출장비만 5만~10만 원을 불러서 비용이 부담됐다.

그러다 동료에게 심부름 애플리케이션을 추천받았다. 심부름 서비스를 연결해주는 플랫폼이었다. 나는 바로 애플리케이션을 설치해 '장판 걷기'라는 심부름을 내놓았다. 내가 원하는 가격대를 적어놨더니 사람들이 하나둘 입찰을 시작했다. 최종적으로 나는 16,000원에

▲ 장판 걷기 전 상태

이 일을 대신 해준다는 사람에게 장판 걷는 일을 부탁했다.

장판을 다 걷었다고 보내준 사진을 확인한 뒤 비용을 바로 입금해주었다. 비용이 아깝다는 생각보다는 왔다 갔다 하는 4시간을 도로에 버리지 않았다는 것에 만족했다. 그리고 나는 그렇게 아낀 시간에 책을 읽었다. 전혀 아깝지 않은 투자였다.

최근에도 이 애플리케이션을 한 번 더 이용했는데, 수리를 다 끝낸 집에 옥에 티 하나를 없애기 위해서였다. 현관문 옆에 있는 창고 문과 계단이 더럽고 거미줄이 많아서 3만 원에 청소를 맡겼다. 청소

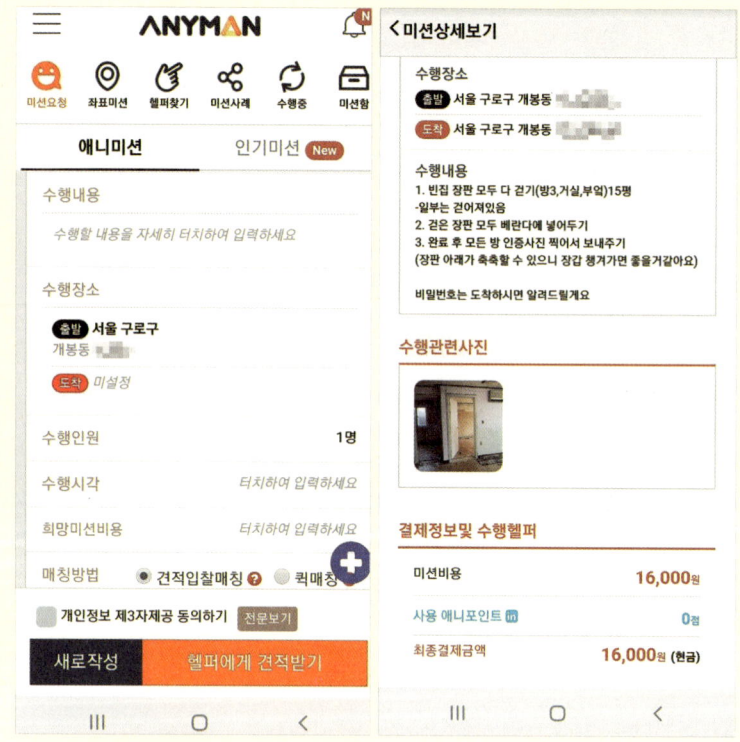

▲ 심부름 애플리케이션

업체를 불렀으면 출장비로만 5만 원을 줘야 했을 것이다. 이런 일 외에도 명도 과정에서 거주자의 연락처를 받아달라고 하거나, 종이에 글을 써서 현관문에 붙여달라고도 부탁할 수 있다.

부동산을 관리하며 자질구레한 일로 직접 집에 방문하기 부담스러울 때가 있다. 그럴 때에는 이런 심부름 플랫폼을 활용해보는 건 어

▲ 장판 걷기 이후 보낸 문자 내용

떨까? 내가 직접 가지 않고, 시간 들이지 않고, 부담되지 않는 돈을 써서 일을 대신 처리할 수 있다. 그렇게 시간을 확보해서 더 가치 있는 일에 매진해보자.

Chapter 10

이제는 말할 수 있다!

01 경매 낙찰가 맞추는 비결

인근 매각 물건과
해당 번지 사례 이용하기

경매의 시작부터 부동산을 관리하는 법까지, 부동산 경매의 모든 과정을 살펴봤다. 다른 재미있는 책들을 마다하고 돈 버는 방법을 찾아 여기까지 따라온 당신의 열정에 보답하고자 경매 낙찰가를 맞추는 나만의 작은 비결을 공개해보려고 한다.

　나는 입찰가를 정할 때, 입찰가에 집중하지 않고 수익률과 순익을 기준으로 잡는다. 이때 평균적인 낙찰률을 알고 있으면 도움이 된다. 모의입찰을 반복하면서 지역, 동네, 빌라 형태에 따른 데이터를 모으고 낙찰률에 대한 감을 쌓을 수 있다.

내가 모의입찰을 할 때, 자주 이용하는 방법이 있다. 경매 사이트에 있는 '인근 매각 물건'과 '해당 번지 사례'를 이용하는 것이다. 이 두 가지를 이용해서 평균적인 낙찰률을 추측해볼 수 있다. 해당 번지 사례는 조사하고 싶은 건물 안에서 경매로 나왔던 물건들을 모아두는 것인데, 이 정보를 참고하면 정말 좋은 힌트가 된다. 실제로 해당 번지 사례를 참고해서 낙찰받은 경험이 있다.

2019년 9월 10일에 해당 빌라의 101호를 낙찰받았는데, 낙찰 가격은 9,870만 원이고 낙찰률은 72%였다. 입찰하려던 101호의 앞집인 102호가 2018년 12월 12일에 9,278만 원에 낙찰되었고 낙찰률은

선택	사건번호 물건번호 담당계	소재지	용도	감정가 최저가	매각기일 [입찰인원]	결과 유찰수 %	조회수
☐	2018 경매4계	서울특별시 층 제101호 [대지권 8.3평] [전용 13.1평] [재매각]	제1 다세대 (빌라)	137,000,000 87,680,000 매각 98,700,000	2019-09-10 [입찰5명]	배당종결 (64%) (72%)	1568
☐	2018 경매9계	서울특별시 제102호 [대지권 8.3평] [전용 13.1평]	제1 다세대 (빌라)	135,000,000 86,400,000 매각 92,789,000	2018-12-12 [입찰3명]	배당종결 (64%) (69%)	750
☐	2012 경매10계	서울특별시 202호 [대지권 6.6평] [전용 10.4평]	2층 다세대 (빌라)	110,000,000 56,320,000 매각 68,000,001	2013-08-20 [입찰5명]	배당종결 (51%) (62%)	678
☐	2011 경매7계	서울특별시 301호 [대지권 7.6평] [전용 12평] [대항력있는임차인]	3층 다세대 (빌라)	120,000,000 61,440,000 매각 85,020,000	2012-05-01 [입찰5명]	배당종결 (51%) (71%)	1665

69%였다. 나는 이걸 참고해 70~71%에 쓰려고 했지만 조회수를 보니 그때보다 2배나 많은 상황이었다. 그렇다면 상대적으로 입찰자 수가 늘어날 것 같다고 생각해 1~2%를 더 썼다. 102호는 3명이 입찰했었고, 이번 101호는 입찰자가 5명이었다. 나는 72%를 써서 낙찰받았고, 2등은 아마 70~71%를 쓴 것 같았다.

이런 식으로 낙찰가를 추측해볼 수 있다. 해당 번지 사례를 볼 때는 최근 1~3년 전 낙찰가와 낙찰률을 참고하는 게 좋다. 예를 들어 2020년 물건을 조사하고 있는데 2013~2015년 물건에 대한 정보는 신뢰도가 떨어질 가능성이 높다. 해당 번지 사례에 정보가 너무 없다면 '인근 매각 물건'을 이용할 수도 있다. 해당 집 근처에서 경매로 나왔던 빌라들의 정보가 나오는데, 내가 조사하고자 하는 것과 비슷한 평수, 층수를 찾아서 낙찰가와 낙찰률을 비교하면 된다. 반지하면 반지하를 찾고, 지상층이면 지상층을 찾으면 된다.

여기서 주의할 점은 비슷한 물건을 찾고 난 다음, 물건을 클릭해서 비슷한 연식인지를 확인해야 한다. 연식은 경매 사이트 정보지에 '보존등기일'이라고 쓰여 있는 부분을 확인하면 된다. 해당 번지 사례를 볼 때와 마찬가지로 최근 1~3년 전 낙찰가와 낙찰률을 참고한다. 비슷한 물건을 여러 개 찾은 다음에 평균을 내보는 식이다. 이런 방법으로 평균적인 낙찰가와 낙찰률에 대한 정보를 참고할 수 있다.

모의입찰을 하는 구체적인 방법

모의입찰은 다음과 같이 진행하면 된다.

1. 비규제 지역 중 선호하는 지역에서 마음에 드는 물건을 고른다.
2. 경매 정보지를 읽으며 법원, 매각기일, 용도, 평수, 층수, 연식 등 기본 정보를 파악한다.
3. 물건에 문제가 있는지 없는지 권리분석을 한다.
4. 감정평가서 사진으로 건물의 외관, 내부 구조도를 참고하고 지도를 통해 집 주변 인프라를 확인한다.
5. 방 구하기 플랫폼이나 공인중개사 사무소를 통해 시세 조사까지 끝낸다. 단, 모의입찰에서는 임장까지 가지 않는다. 시간이 있다면 인터넷 지도의 로드뷰로 근처를 둘러본다.

6. 입찰가를 정하기 전에 부대비용을 산정한다. 부대비용이란 낙찰을 받고 나서 이후에 추가적으로 들어가는 돈이다. 취득세, 법무사 수수료, 수리비, 이사비, 대출 이자가 있다.

7. 대출금 및 월 이자, 부대비용까지 반영한 뒤 수익률을 계산하고 입찰가를 정한다(인근 매각 물건, 해당 번지 사례로 평균 낙찰률 추측).

8. 입찰가와 순수익, 수익률을 정했다면 매각기일에 경매 사이트에 들어가 결과를 확인한다. 1등 낙찰가와 나의 입찰가를 비교한다.

이 과정을 여러 번 반복하면 데이터가 쌓일 것이다. 나는 돈을 모으며 두 달 가까이 모의입찰만 했다. 그러다 보니 '이 동네의 빌라는 낙찰률이 어느 정도 되고, 수익률은 이 정도로 보고 들어가면 되겠다' 하는 데이터가 머릿속에 쌓였다. 경험을 쌓다 보면 조사 속도도 점점 더 빨라지는 장점도 있다. 경매를 처음 접하게 되면 하루빨리 낙찰받고 싶은 마음에 입찰을 서두르는 분들이 많다. 실제 입찰을 하기 전에 모의입찰을 충분하게 경험하길 바란다. 물건은 많고 매일 나오니 조급해할 필요가 없다. 조급할수록 실수하는 법이다.

반드시 알고 있어야 하는
부대비용

부대비용은 중요하기 때문에 설명을 조금 더 해보겠다. 부대비용에는 취득비용, 수리비, 이사비 지원, 대출 이자가 있다. 취득비용에는 취득세와 법무사 수수료가 포함되며, 이사비는 채무자가 거주하고 있거나 배당금을 못 받는 임차인에게 지원해주는 편이다.

1. 취득비용

취득비용 중 '취득세'에 대해 먼저 알아보자. 취득세란 부동산 등의 자산을 취득할 때 부과되는 세금을 말한다. 취득세는 해당 시기에 나온 법안에 따라 달라질 수 있다. 예를 들어 무주택자인 경우 주택을 매입할 때 1.1% 취득세를 부과한다고 가정해보자. 내가 경매로 부동산을 1억 원에 낙찰받았다면, 110만 원의 취득세를 내야 한다. 취득세에 대한 부담이 있을 수도 있지만 조금만 다르게 생각하면 마음이 편하다. 내야 하는 취득세만큼 입찰가를 낮추면 된다. 복잡하게 생각할 필요 없다. 물론 취득세만큼 입찰가를 낮추면 낙찰될 확률이 줄어들겠지만, 경매는 어떻게 보면 운도 따르는 일이다.

한번은 이런 적이 있다. 정말 마음에 드는 빌라가 경매로 나왔는데, 내가 만족하는 수익률과 순익을 기준으로 계산해보니 입찰가는 감정가 대비 68%였다. 하지만 경험상 이런 물건은 75% 이상으로 써야 낙찰될 것 같았다. 그래서 포기하고 입찰을 하지 않았는데, 단독 입찰로 누군가가 65%에 그 빌라를 낙찰받았다. 이렇게 단독 입찰한 사람이 당신이 될 수도 있다. 부동산 경매는 몇 명이나 입찰에 참여하는지, 누가 얼마를 썼는지 알 수 없는 시스템이다. 인간의 머리로는 절대 예측할 수 없다.

취득비용 중에는 '법무사 수수료'도 있다. 법무사는 대출 상품을 알려주고 행정상 필요한 서류 처리를 대행해주고 돈을 받는다. 대금 납부, 채권 말소 처리, 세금 대리 납부 등 복잡하고 귀찮은 일들을 대신 해준다. 물론 본인이 직접 해도 되지만, 너무 많은 시간과 에너지가 들어가기 때문에 대부분 비용을 내고 이용하곤 한다.

소액 빌라 같은 경우 수수료는 50만~120만 원 정도다. 법무사마다 수수료 비용이 다르기 때문에 우선 70만~80만 원으로 잡아둔다. 내가 3,700만 원에 낙찰받았던 빌라는 수수료로 48만 원을 냈고 7,400만 원에 낙찰받은 빌라는 60만 원을 냈다. 9,800만 원에 낙찰받은 빌라는 68만 원을 냈다. 내가 실제로 지불했던 금액이니 참고하길 바란다.

2. 수리비

명도 이후 도배, 장판, 페인트, 화장실, 싱크대, 전등, 입주 청소 등 필요에 따라 수리를 해야 한다. 입찰하기 전 수리비를 미리 정해야 하지만, 경매 특성상 낙찰 전에 집 안을 보는 것은 어렵다. 따라서 어떤 변수가 나올지 모르기 때문에 수리비는 보수적으로 잡고 입찰가를 정하는 게 좋다. 나는 반지하에 입찰할 때는 보통 400만~500만 원의 수리비를 잡는다. 그리고 지상층은 수리비로 300만 원 정도를 책정하는 편이다. 일반적으로 전체 수리 비용이 600만 원이란 점을 참고해서 정했다.

실제로 집을 보고 견적을 받으면 수리비는 예상했던 것보다 더 나올 수도 있고, 덜 나올 수도 있다. 인천 반지하 빌라의 수리비를 500만 원으로 잡은 적이 있는데, 낙찰받은 후 수리를 진행해보니 300만 원밖에 들지 않았던 적도 있다. 수리비는 보수적으로 잡아두는 게 나중에 스트레스받을 일도 없고, 수익률이 오르는 기분이 들어 오히려 더 좋다.

3. 이사비

이사비 지원은 법으로 정해져 있는 것은 아니다. 명도 대상과의 원활한 협상을 위해 투자하는 비용이라고 생각하면 된다. 강제집행까지 이어지면 골치 아파지기 때문이다. 나는 채무자에게만 일정 이사비를 주는 편이다. 명도 시에 거주자가 채무자일 경우 앞서 설명한 것처럼 평당 10만 원 정도로 계산하고 입찰가를 정한다. 보증금을 못 받는 임차인의 경우에도 항상 이사비를 주지는 않지만, 만약 이사비를 요구하거나 타협을 잘 하고 싶은 경우 30만~50만 원 정도를 생각한다. 이렇게 본인만의 기준을 정하면 된다.

4. 대출 이자

경락잔금대출금은 얼마인지, 대출 이자는 얼마가 나오는지 입찰가에 따라 계산을 해보고 순익과 수익률을 정하면 된다.

정리하자면 대출금, 대출 이자, 취득세, 법무사 수수료, 수리비, 이사비를 반영해 낙찰가를 계산한다는 말이다.

이해를 돕기 위해 내가 실제로 계산하는 순서에 따라 간략하게 정리해보았다.

1. 입찰가
2. 대출 계산법에 따른 대출금
3. 한 달 이자(현재 기준, 평균적인 대출 금리 3.5% 반영)
4. 최초 투자금(입찰가 - 대출금)
5. 총 투자금(최초 투자금 + 부대비용)
6. 보증금/월세
7. 최종 투자금(총 투자금 - 보증금)
8. 월 순익(월세 - 월 이자) × 12(개월) / 최종 투자금 = 연 수익률

초보자가 피해야 하는 케이스

명도에도 난이도가 있다

그동안 명도를 하며 많은 시행착오를 통해 느낀 점들을 공유해보려고 한다. 먼저 거주자에 따라 명도의 난이도가 다르므로 케이스별로 알아두면 좋다.

첫 번째, 임차인이 보증금을 다 받거나 일부만 손해를 보는 경우다. 이때는 명도가 비교적 쉽다. 왜냐하면 임차인이 보증금을 받기 위해서는 낙찰자가 주는 명도확인서와 인감증명서 서류 2장이 필요하기 때문이다. 서류를 받지 못하면 임차인은 법원에서 보증금을 돌려받을 수 없다. 그래서 협상이 더 잘 되는 편이다. 따라서 명도 경험이 없을 때는 이러한 케이스를 고르는 것도 좋은 방법이다.

<mark>두 번째, 임차인이 보증금 대부분을 못 받는 경우다.</mark> 이 경우 임차인은 보증금을 손해 보기 때문에 명도가 어려울 수도 있다. 돈을 못 받는 상황에서 집을 비워달라고 하면 어떤 기분일지 상상해보면 이해할 수 있을 것이다. 이때는 임차인에게 잘못은 전 소유자에게 있다는 것을 확실하게 알려줘야 한다.

<mark>세 번째, 거주자가 채무자(이전 소유자)일 경우다.</mark> 채무자는 보통 경매 시스템을 잘 알고 있다. 강제집행도 알고 있으며, 이사비를 받는 것을 의무로 생각하는 편이다. 이사비를 많이 받기 위해 저항이 있을 수도 있다.

이처럼 거주자에 따라 명도의 난이도가 다르기 때문에 본인이 감당할 수 있는지 생각해보고 물건을 정하시기 바란다. 경매 초보자들은 굳이 복잡하고 어려운 케이스를 공부할 필요가 없다. 오히려 그 시간에 깔끔하고 괜찮은 물건을 보는 게 마음이 편할 것이다.

피해야 하는 케이스

내가 개인적으로 꺼려하는 케이스 다섯 가지가 있다. 위법 건축물, 유치권, 법정지상권, 일부매각, 공부상 표시와 실제 호수가 다른 경우의 물건 등에 대해서는 거들떠보지도 않는다.

==첫 번째, 위법 건축물은 말 그대로 건물에 불법으로 덧붙여 축조하거나 개조한 부분이 있다는 뜻이다.== 이런 케이스를 낙찰받게 되면 벌금과 위법 축조물을 없애야 하는 수리비까지 낙찰자가 인수할 수 있다. 위법 건축물인 부동산은 건축물대장에 노란 딱지로 적혀 있으니 잘 확인하자. 건축물대장은 경매 사이트 정보지에서 확인할 수 있다.

==두 번째, 유치권이란 부동산에 이득이 되는 비용을 지출했을 때 지출 비용을 변제받을 때까지 이를 유치할 수 있다는 말이다.== 예를 들어 갑이 을에게 집의 하자를 수리해달라고 맡겼다. 그래서 을이 돈을 받지 않고 일단 수리를 했다. 수리를 하고 돈을 받으려고 하는데 집이 갑자기 경매로 넘어갔다. 그러면 을은 돈을 받기 전까지 해당 부동산을 점유하면서 유치권을 행사할 수 있다. 이러한 부동산을 낙찰받게 되면 낙찰자가 변제금을 인수하게 된다. 비용을 대신 갚아줘야 한다는 말이다.

==세 번째, 법정지상권은 토지의 소유자와 건물의 소유자가 다른 경우를 말한다.== 이런 케이스는 너무 복잡하기 때문에 초보자라면 보지 않는 게 좋다.

==네 번째, 일부 매각이나 건물만 매각 또는 토지만 매각이라고 적혀 있는 경우는 피하는 게 좋다.== 건물만 매각인데 낙찰받게 되면 건물의 주인은 나인데 건물 아래 토지 주인은 다른 사람이 된다. 목적이

따로 있지 않는 이상 토지와 건물을 일괄 매각으로 입찰해야 한다.

다섯 번째, 공부상 표시와 실제 호수가 다른 경우이다. '공부'는 건축물대장이라고 볼 수 있으며, 집을 지을 때 만드는 도면을 말한다. 도면에 표시된 호수와 실제 현관문 호수가 다르다는 말이다. 예를 들어 건물을 지을 때 101호라고 적었는데 실제로 갔더니 현관문 호수가 102호로 적혀 있다. 이런 경우 인도명령이 안 될 가능성이 있다. 인도명령을 받아야 강제집행을 신청할 수 있고, 인도명령이 안 되면 강제집행이 안 된다. 거주자가 집을 순순히 비워주면 상관없지만, 만약에 거주자가 나가지 않는다면 강제집행을 통해서 명도를 해야 한다. 하지만 인도명령이 안 되기 때문에 명도 소송을 통해야만 집행권을 받을 수 있다. 명도 소송은 시간이 오래 걸리기 때문에 리스크가 있다.

마지막으로 당부 및 주의 사항이 있다. 반드시 모의입찰을 통해서 경험을 충분히 쌓고 자신감을 높이길 바란다. 입찰하기 전에 내가 알아보는 곳이 규제 지역인지 비규제 지역인지 확인하고 부동산 법안은 항상 최신 정보를 익혀야 한다. 수시로 변동되는 내용들이기 때문이다. 나는 평상시에도 인터넷 경제 뉴스를 보거나 유튜브를 통해 부동산 관련 정보를 얻는다. 투자를 하다 보면 좋은 상황이 올 수도 있고 나쁜 상황이 올 수도 있다. 당연한 것이다. 어쩔 수 없는 상황들은 받아들이고 최선의 선택을 찾으면 그만이다. 특히 많은 사람들이 고민하고 있는 부동산 정책에 대해서는 내가 어떻게 대처하고 있는지 뒤에서 더 자세히 다루겠다.

골칫덩어리 반지하

반지하는
절대 사지 마라?

자동차를 사려고 할 때, 신차가 있고 중고차가 있다면 무엇을 사고 싶은가? 신차는 중고차보다 비싸다. 하지만 중고차를 사면 고장이 많이 날 것 같거나, 수리하다 보면 오히려 더 많은 돈이 들 수도 있기 때문에 신차를 선호하는 사람이 많다. 그래도 누군가는 중고차를 호의적으로 바라볼 것이다. 나는 신차보다 중고차를 사는 사람이다.

차를 집으로 바꿔보자면, 나는 깨끗한 신축 빌라 대신 반지하를 선호하는 편이다. 반지하는 웬만한 사람들은 접근하기 힘든 곳이다. 반지하를 관리하려면 일차적으로 편견을 뛰어넘어야 하고, 흔들리지 않는 마인드가 필요하다. 물론, 내 말이 정답은 아니다. 내 생각도 나중에는 바뀔 수 있다. 그냥 이렇게 생각하는 사람도 있다고 가볍게 봐주면 좋겠다.

빌라 투자를 처음 시작했을 때, 나는 반지하를 싫어하고 무서워했다. 반지하라고 하면 머릿속에 그려지는 부정적인 모습들이 있다. 햇빛이 잘 들지 않고, 장판과 도배지에 생긴 곰팡이, 벌레 등등. 그 탓에 반지하는 사람들의 인식 속에서는 꺼려지는 대상으로 남아 있다. 하지만 여러 단점에도 불구하고 반지하에 사는 사람들이 있다. 우리 가족도 5년 넘게 반지하에 살았다. 월세가 저렴하기 때문이다. 그렇기 때문에 도심지의 반지하는 오히려 공실을 찾기 어렵다.

그런데 최근 짓는 집들에는 반지하가 없다. 2000년대 초반, 불법 주차를 줄이기 위해 주택의 주차장 부지 확보를 강제했다. 집을 지으려면 주차장을 꼭 포함해 만들어야 한다는 말이다. 동시에 필로티 양식에 층수 제한 면제 혜택을 제공했다. 원래 일반 빌라는 4층까지만 지을 수 있도록 법이 정해져 있었다. 그런데 주차장을 만들기 위해 필로티로 1층을 띄운다면 위에 1층을 더 올려서 5층짜리 모양의 빌라로 지을 수 있게 되었다. 그렇게 반지하가 점점 사라지기 시작했다.

대한민국에서 반지하라는 형태는 아마도 점점 사라질 것이다. 이 말이 의미하는 것은 무엇일까? 반지하가 블루오션이라는 의미다. 반지하는 왜 블루오션인지 네 가지 이유를 들어보겠다.

1. 남들이 꺼려한다

반지하라고 하면 떠오르는 부정적인 이미지 덕분에 많은 투자자들이 눈길을 주지 않는다. 덕분에 경쟁률이 낮아 저렴한 가격으로 낙찰받기 쉽고 애를 쓰지 않아도 된다.

2. 수요가 꾸준하다

반지하는 월세가 저렴하기 때문에 돈을 아끼려는 사람들이 많이 거주한다. 혹은 집에 대한 기준이 높지 않은 사람들이 거주한다. 내가 반지하에 살기 싫어한다고 해서 아무도 거주하지 않는 것은 아니다. 이제는 반지하를 신축하는 건물주들이 없기 때문에 추가 공급이 없다. 살고자 하는 사람들은 계속 있는데 집이 없어진다는 뜻이다. 근처에 있는 반지하를 둘러보면 비어 있는 집이 거의 없다는 걸 알 수 있다. 세입자가 안 들어올 거라는 걱정은 하지 않아도 된다.

3. 월세 수익률이 높다

반지하는 여러 부동산 중에서도 월세 수익률이 높은 편이다. 부동산 가격에 비해 상대적으로 임대료는 높다. 부동산 경매를 통해 반지하를 매입한다면 저렴하게 사서 월세를 줄 수 있다.

4. 재개발과 재건축의 기회가 있다

지금 남아 있는 반지하는 대한민국의 마지막 반지하다. 이들은 시간이 지나면 다 사라질 것이다. 그 말은 재개발이 되거나 재건축이 된다는 의미다. '헌 집 줄게, 새집 다오' 내가 자주 떠올리는 말이다. 이런 생각도 한 켠으로 하고 있기 때문에, 대지 지분이 많은 집을 선호한다.

오래된 빌라가 재개발되거나 재건축되면 가장 이득을 보는 사람은 바로 반지하의 주인이다. 빌라 각 호실의 집주인들은 비슷한 대지 지분을 가지고 있다. 예를 들어 10개 호실을 가진 4층짜리 건물이 있다면, 이 중 2호실은 반지하다. 여기 있는 10개 호실의 집주인들은 각각 10평의 땅을 소유하고 있다.

재개발과 재건축 시, 건물의 가치는 의미가 없고 오로지 땅의 면적만으로 값을 매긴다. 이 빌라를 살 때 누가 가장 땅을 저렴하게 샀을까? 지상층 주인들은 땅 10평을 사기 위해서 1억 5천만 원을 썼다면, 반지하 주인들은 땅 10평을 사기 위해서 8천만 원을 썼을 것이다. 이때 건설 업체에서 건물을 새로 짓자고 제안하며 평당 2천만 원을 제안한다면 누가 가장 이득인지 답이 바로 나온다. 반지하를 관리할 줄만 안다면 이보다 좋은 투자처는 없다. 당장의 월세 수익도 주면서 먼 미래에 시세 차익까지 안겨주는 부동산이다.

반지하에 대한
오해와 진실

반지하의 장점을 먼저 말했지만, 물론 단점도 있다. 하지만 그중에는 충분히 해결 가능한 것도 있으므로 무작정 기피할 필요는 없다.

1. 연락이 자주 오고 관리하기 귀찮다

반지하라고 해서 꼭 연락이 자주 오는 것은 아니다. 내 동료는 2년 반 동안 월세를 받으면서 세입자에게서 연락을 받아본 적이 한 번도 없다. 나 역시 1년 동안 두세 번 정도 연락을 받았다. 주변에서 빌라 관리가 어렵다고 하는 사람들을 종종 볼 수 있는데, 이 중 직접 경험해보지 못한 사람들이 대부분이고 실제로 경험했다 해도 이는 상대적인 것이니 너무 걱정하지 않아도 된다. 본인의 성향에 따라 다르게 해석될 수 있는 일이다. 나는 이 정도면 수익에 비해 하는 일이 거의 없는 셈이라고 본다.

2. 곰팡이, 누수, 역류가 걱정된다

다소 번거로울 뿐이지 해결이 안 되는 일은 없다. 문제가 생기면 해결 방법을 찾으면 그만이다. 인터넷에 검색도 해보고 책도 찾아보면 된다. 그런데 요즘에는 유튜브만 검색해봐도 해결할 수 있는 방법이 수두룩하다. 그게 어렵다면 전문가에게 맡기면 된다. 수리해야 할 일이 자주 있을 것 같지만, 한번 잘 수리해두면 몇 년은 문제가 없다. 수년간 부동산 27채를 운영해온 동료에게도 들은 말이다.

곰팡이 같은 경우 처음부터 단열 벽지를 시공하면 되고, 돈을 아끼고 싶다면 항균 페인트를 바르고 단열 시트지를 붙이는 방법도 있다. 꽤 효과가 좋다. 그래도 걱정된다면 곰팡이 위에 보드를 시공하면 된다. 전문가의 의견을 들어보고 저렴한 가격순으로 시도해봐도 좋고, 처음부터 효과가 가장 좋은 방법으로 수리해 원인을 아예 차단하는 방법도 있다. 이 역시 경험하다 보면 노하우가 쌓이고 나중에는 일도 아니게 될 것이다.

다음으로 걱정되는 것은 누수와 습기다. 참고로 반지하라고 모두 습기가 심하거나 누수가 있는 것은 아니다. 지상층도 곰팡이가 생길 수 있고 누수가 있을 수도 있다. 반지하도 거주자가 관리를 잘하고 환기를 잘 한다면 곰팡이가 생기지 않을 수 있다. 물론 잘 관리해도 생기는 집들은 어쩔 수 없다. 그래서 나는 반지하를 고를 때 창문 면적이 밖으로 많이 드러난 집을 선호한다. 환기가 중요하기 때문이다.

누수가 있다면, 위층에서 발생하는 누수일 경우 위층과 이야기를 하고 전문가를 부른다. 비용은 위쪽에서 처리해야 한다. 배관에서 생기는 누수일 경우 전문가를 불러 누수 탐지를 하고 수리한다. 누수 범위가 크거나 습기가 심하면 전문가와 이야기해보고 인터넷에서 업체를 비교한 다음 집수정을 설치한다. 집수정은 비용이 꽤 들어가는 편이므로 보통 혼자 부담하지 않고 전체 호실과 협의하거나, 앞 호실 반지하 집주인과 같이 부담한다.

3. 잘 안 팔린다

반지하는 매도가 잘 안 된다는 말은 부정할 수 없다. 여기서 생각해야 할 점은 본인의 투자 포인트다. 나는 애초에 임대 수익이 목적이었기 때문에 집을 팔 생각이 전혀 없다. 현금 흐름이 목적이며, 월세를 받으며 살다가 재건축이나 재개발이 들어가면 그때 팔아도 된다는 생각을 가지고 있다. 만약 본인의 투자 목적이 시세 차익이라면 반지하는 추천하지 않는다.

4. 공실이 길다

공실에 대한 이야기는 앞서 말했다시피 크게 걱정하지 않아도 된다. 물론 정말 무너질 것 같은 집이나 외진 곳에 있는 집은 예외다. 시골이나 외진 지역은 인프라가 없기 때문에 세입자를 구하기 힘들다. 그래서 입찰하기 전에 방문해 주변 공실률을 파악하는 것이다. 지하철역에서 멀더라도 집 근처에 버스만 있다면 공실이 그렇게 길어질 일은 없다.

좋아하는 일에는 해결 방법이 보이고, 싫어하는 일에는 핑계가 보인다. 문제가 발생했을 때 해결보겠다는 의지가 없다면 반지하는 추천하지 않는다. 소액으로 투자가 가능하고, 수익률이 좋다는 것은 그만한 이유가 있기 마련이다. 본인의 투자 성향을 다시 한번 정리해보고 종이에도 직접 적어보길 바란다. 생각만 하면 머릿속이 어지러워 헤매기 마련이다.

내가 최종적으로
반지하를 선택한 이유

모든 반지하에 문제가 있는 것은 아니므로 운에 맡기기로 했다. 어떤 반지하는 문제가 있을 수도 있고 어떤 건 문제가 없을 수도 있다. 지상층이라고 해서 문제가 없는 건 아니다. 그리고 문제가 있다면 해결하면 그만이다. 최악의 상황을 생각해보고 해결 방법이 없다면 투자를 하지 않으면 된다. 나는 소액으로 살 수 있고 수익률이 높다면 번거롭고 귀찮은 일이 생겨도 감수할 수 있다고 생각했다. 그렇기 때문에 반지하도 괜찮았다. 물론 운 좋게 지상층을 낙찰받은 적도 있다. 아이러니하게도 반지하는 아직까지 큰 문제가 없고, 지상층은 역류 문제로 수리를 세 번이나 했다.

나와 비슷한 성향의 사람들을 위해 반지하에 대한 이야기를 조금 더 해보겠다. 내가 특별히 선호하는 반지하가 있다. 전용면적이 15평 이상, 방이 3개인 집이다. 평수가 큰 반지하는 귀하다. 가족 수는 많고, 지상층을 가기에는 비싸기 때문에 평수가 큰 반지하를 찾는 사람들이 꽤 많다. 다만 연식이 80년 후반~90년 초반인 집은 될 수 있으면 피한다. 이 정도 연식의 빌라는 하자가 있는 경우가 상대적으로 많다.

집은 문제가 있을 수도 있고 없을 수도 있기에 아무도 예상할 수 없다. 물론 이 세상에 있는 모든 투자는 예상할 수 없는 변수가 존재한다. 따라서 본인이 감당할 수 있는지를 생각해보길 바란다. 옳고 그른 것은 없기 때문에 다른 투자 방법을 비난하기보다 본인의 기준을 정하면 된다.

부동산 경매는 본인의 성향에 따라 투자 방향을 다르게 정할 수 있다. 상가, 아파트, 오피스텔, 토지, 지식산업센터, 빌라 등 다양하다. 또 빌라에서도 신축, 구옥, 지상층, 반지하로 세분화된다. 반지하만 모으는 사람도 있고, 반지하가 싫어서 지상층만 모으는 사람도 있다. 남들이 좋다고 무작정 따라 하기보다 자신의 성향에 맞게 투자하는 것이 바람직하다.

가장 걱정되는
부동산 세금

버는 만큼 내는 세금

"다주택자가 되면 세금은 어떻게 하나요?" 부동산 경매에 대한 이야기를 해오면서 가장 많은 받은 질문이다. 사실 불편하긴 하지만 버는 만큼 내기 때문에 크게 걱정하지 않는다. 세금이 무서워서 투자를 하지 않는다면 1원의 수익도 기대해서는 안 된다.

예를 들어 회사를 열심히 다니고 있는데 사장님이 월급을 올려준다고 한다. 그런데 생각해보니 월급이 오르면 내야 하는 세금도 같이 오른다. 세금이 걱정돼서 사장님을 찾아가 월급 안 올려주셔도 된다고 말하는 사람이 있을까? 물론 어떤 세금을 내야 하고, 얼마나 내야 하는지는 잘 알고 있어야 한다. 내가 감당할 수 있는 정도인지 생각해 봐야 하기 때문이다.

부동산을 사거나 보유하거나 팔 때 내는 세금에는 '취득세, 종합소득세, 재산세, 종합부동산세, 양도소득세'가 있다. '취득세'는 부동산 등의 자산을 취득한 이에게 부과되는 세금이다. '종합소득세'는 개인에게 발생되는 각종 소득을 종합하여 과세되는 소득세다. '재산세'는 일정한 재산에 대하여 부과되는 세금이다. '종합부동산세'는 부동산 보유 정도에 따라 세금의 비율을 달리하여 초과하는 금액에 대하여 과세되는 세금이다. '양도소득세'는 재산의 소유권을 양도하면서 발생하는 소득에 대해 부과되는 세금이다.

종합부동산세는 가지고 있는 주택의 합계 공시가격이 6억 원이 넘으면(1주택자 제외) 초과분에 대해 발생하는 세금이다. 따라서 소액 빌라를 투자하고 있는 나에게는 아직 부담이 없다. 소액 빌라인 경우 6~10채 정도 되었을 때 종합부동산세 부담이 생길 것이다. 이 문제는 추후에 고려하면 된다.

내가 내고 있는 세금은 취득세, 종합소득세, 재산세까지다. 취득세 같은 경우 주택 수에 따라 범위가 달라지며 부동산을 살 때 지불한다. 종합소득세는 개인 소득이기 때문에 5월에 개인적으로 신고한다. 재산세는 7월, 9월에 고지서가 날아오고 해당 계좌로 입금하면 된다.

임대 소득은 개인 소득으로 분류되며, 연 2천만 원 이하인 경우 비과세였지만 분리과세로 변경되면서 세금은 10% 초반대이다. 연 2천만 원 초과일 경우, 기본 세율로 들어가기 때문에 본인 소득이 높은 편이라면 연 2천만 원 이하로 맞추는 전략도 있다.

재산세는 부동산 시세에 따라 차등적으로 적용된다. 내가 가지고 있는 부동산은 소액 빌라이기 때문에 1년 동안 내는 금액은 10만 원 언저리다. **앞서 말했듯이 부동산, 대출, 세금에 대한 내용은 항상 변동 가능성이 있으니 계속해서 주의하고 살펴야 한다.**

부동산 대책을
신경 쓰지 않는 이유

스스로 문제를
해결하는 사람

부동산 대책이 나올 때마다 한숨이 나오는 사람들도 있을 것이다. 그런데 나는 어떤 부동산 대책이 나와도 이제는 스트레스를 받지 않는다. 심지어 웃으면서 이런 상황을 즐기기도 한다. 도대체 어떤 노하우를 알고 있길래 이런 상황에서도 웃을 수 있을까? 예나 지금이나 주위를 둘러보면 아무리 어렵고 힘든 상황에서도 기회를 잡고 돈을 버는 사람들은 항상 존재했다.

최근에 나에게 수업을 들었던 수강생분이 부동산 경매로 집을 하나 낙찰받았다. 연 수익률이 20% 가까이 된다고 했다. 부동산 규제가 늘어나면서 더 이상 할 수 있는 게 없다고 느껴지는 시기에 이게 어떻게 된 일일까?

힘든 상황을 만났을 때 사람들은 흔히 세 가지 반응을 보인다.

1. 아무것도 하지 않는 사람
2. 현재 상황을 욕하는 사람
3. 현재 상황에서 할 수 있는 일을 찾는 사람

이 수강생은 세 번째에 해당되는 사람이었다. 현재 상황에서 할 수 있는 일을 찾았다. 남아 있는 비규제 지역을 찾아 투자할 만한 곳을 찾았다. 바로 천안이다. 천안에 있는 3층 빌라이며 1996년도에 지어졌다. 전용면적은 대략 15평이며, 이 정도 평수면 방이 3개가 나온다. 심지어 대지권이 10평이나 되는 좋은 물건이다. 권리분석에도 전혀 문제가 없었으므로 수강생분은 이 빌라에 입찰해 집을 낙찰받았다.

결론은 이거다. 스스로 문제를 해결하는 사람이 투자자다. 내가 요즘 가장 많이 듣는 말이 뭔지 아는가? "다주택자는 세금 많이 내야 해서 끝이네요." 그럼 나는 이렇게 물어본다. "어떤 기준으로 세금을 내는지 알고 있나요? 정부가 어떤 걸 규제하고 있나요?" 대부분 이런 답변이 나온다. "음… 그건 잘 모르겠는데요." 괜한 걱정부터 하는 것이다. 어떤 이유로 문제가 생기는지는 잘 모른다. 주변에서 부동산은 이제 끝났다고 하니까 그냥 끝났다고 생각하는 것이다. 결론부터 말하자면, 나는 지금도 이전과 똑같은 세금을 내고 있고 전혀 달라진 게 없다. 소액 빌라를 투자하고 있기 때문이다.

부동산 대책이 나올 때마다 나는 이렇게 생각한다. '정부가 부동산을 규제한다? 그러면 규제를 피해서 투자를 하면 되지 않을까? 대출을 안 해준다? 대출을 해주는 곳을 찾으면 되지 않을까? 종합부동산세를 늘린다? 종합부동산세는 공시가 6억 원 초과부터니까, 소액 빌라는 괜찮지 않을까? 그럼 1억 원 이하 빌라를 7~8채 정도 가지고 있을 때부터 종합부동산세를 신경 써야겠네.' 이렇게 말이다.

물론, 내 말이 꼭 정답은 아니다. 단지 내가 하고 있는 투자는 이렇다는 말이다. '누가 그러더라' 하며 걱정부터 하기보다는 내가 직접 알아보고 피하면 된다고 생각한다. 문제가 터지면 스스로 해결해야 하는 게 투자고, 그게 투자자의 마인드다.

어떻게 시작해야 할지 감도 오지 않거나, 스스로 문제를 해결할 능력이 없다고 생각하는 사람이 있을 수도 있다. 그런 사람들에게 문제를 해결하는 가장 효율적인 방법을 알려주겠다. 그건 바로, 성공한 사람들의 의견을 반영해서 최고의 의사 결정을 하는 것이다. 나는 문제가 생기면 인터넷에 찾아보거나, 그와 관련된 책을 찾아 읽는다. 저명한 인사들의 이야기를 다양하게 듣고 정보를 모으기 시작한다. 그리고 그중에서 최선의 의사 결정을 한다. 부동산뿐만 아니라 살면서 겪는 모든 문제의 해결책을 책과 유튜브, 인터넷에서 얻을 수 있다. 여러 사람들의 의견을 내 방 안에 앉아 얻을 수 있다니, 이보다 더 효율적인 방법은 없을 것이다.

다시 수강생 사례로 돌아가보자. 이분은 나이도 많지 않은데 정말 존경스러운 분이다. 한번은 부동산 경매를 통해 빌라를 모으는 이유에 대해 물었더니 이렇게 답했다. "원하는 월세 수익에 도달하면, 회사를 나와 한동안 쉬면서 하고 싶은 일을 준비해보려고요." 물론 오랜 시간이 걸릴 수도 있다. 그러나 자신의 속도에 맞춰 꾸준하게 투자를 이어오고 있다. 현재는 부동산 3채를 보유하고 있다고 한다. 부동산 대책이 나오면서 사람들이 등을 돌릴 때, 그 속에서도 솟아날 구멍을 찾은 것이다.

한번 생각해보자. 나는 어떤 사람에 속하는지. '타이밍 좋을 때 했네. 그 시절에나 가능했지 지금은 말도 안 되는 방법이야.'라고 생각하는 사람과 '지금은 어떤 방법으로 돈을 벌 수 있을까?'라고 생각하는 사람 중 누가 성공할 가능성이 높을까?

나 역시 후자에 속하는 사람이 되기 위해 부단히 노력하고 있다. 부동산 규제 후 법원 입찰장에 사람이 줄었다는 사실에 집중했다. 취득세가 오른 만큼 싸게 사면 된다고 생각했고, 1억 원 미만의 소액 빌라는 취득세 인상이 없다는 것에 주목했다. 규제 지역은 대출을 받기 힘들기 때문에 싸게 살 수 있는 기회라고 생각했고, 비규제 지역은 대출이 아직 나온다는 것에 주목하며 투자를 지속했다.

솟아날 구멍은 항상 있다

이런저런 이유를 대며 불평만 하는 사람을 본 적 있는가? 과거의 내가 그랬다. '좋은 독서실을 못 가서 공부를 못하는 거다, 학원을 안 보내줘서 이런 거다, 집에 돈이 없어서 이런 거다' 등등 주어진 상황에 대한 불만이 가득했다. 그러다 어느 날, 생각을 바꾸기로 했다.

'이미 일어난 일이다. 돌이킬 수 없다. 그렇다면 내가 지금 할 수 있는 일은 뭘까?'

모두가 알고 있듯이 상황이 좋든 나쁘든 성공하는 사람들은 언제나 있다. 어차피 바꿀 수도 없는 상황을 탓하기보다, 지금 할 수 있는 일을 찾아보는 게 좋지 않을까?

최근 내가 가지고 있던 빌라에서 싱크대 하수관 역류로 인해 물이 넘친 적이 있다. 부엌 바닥에 흐른 물이 현관문 밖으로 넘쳐흐를

정도였다. 집에 방문해 스프링으로 하수관을 뚫었다. 그런데 하수관을 뚫고 난 후 며칠이 지나고 다시 물이 역류했다고 세입자에게 연락이 왔다. 급히 방문한 기사님께 하수관이 이상하게 되어 있어서 수리하기 힘들다는 말을 들었다. 전문가가 힘들다고 하니 걱정이 되었다.

그래도 역시나, 결국엔 방법을 찾았다. 인천에 있는 다른 빌라의 수도관을 수리해준 분의 의견으로 물이 빠지는 배수관을 밖으로 우회하여 빼냈다. 윗집에서 아무리 물을 많이 써도 물은 밖으로 나가므로 문제가 없었다.

사실 생각해보면 이런 경우가 꽤 많았다. 스마트스토어를 할 때도 중국에서 물건을 사입하며 배송에 문제가 생겼지만 결국 해결했고, 재고 문제도 원가 처리로 해결했다. 솟아날 구멍은 항상 있었다.

살다 보면 인생에는 우리가 생각하는 것보다 훨씬 더 많은 기회와 가능성이 있다. 하지만 그 기회들은 자신이 찾아왔다고 인사를 해주지 않는다. 끈을 놓지 않고 계속 잡고 있는 사람에게만 인사를 건넨다. 나 역시 아직은 부족한 사람이기에 그 끈을 놓지 않기 위해 노력하고 있다.

여러분도 나처럼 좋아하는 일을 하며 자유로운 삶을 살 수 있게 되는 그날까지, 여러분을 응원할 것이다. 가슴속 깊이 진심을 담아.

"행복의 한쪽 문이 닫힐 때, 다른 한쪽 문은 열린다.
하지만 우리는 그 닫힌 문만 오래 바라보느라 우리에게 열린 다른 문은 못 보곤 한다."

_ 헬렌 켈러(Helen Keller)

경매 초보자를 위한
〈경매 용어 사전〉

부동산 기본 용어

임대인

임대차계약에 따라 돈을 받고 다른 사람에게 물건을 빌려준 사람을 말하며 소유자, 집주인이라고도 불린다.

임차인

임대차계약에서 돈을 내고 물건을 빌려 쓰는 사람을 말하며 세입자라고도 불린다.

채권자

특정인에게 빚을 받아낼 권리를 가진 사람을 말한다.

채무자

특정인에게 빚을 갚아야 할 의무를 가진 사람을 말한다.

다가구주택

'단독주택'이라 불리며, 지하층을 제외한 3개 층 이하의 건물이다. 여러 가구가 살 수 있도록 건축된 주택으로 한 가구씩 독립되어 있다. 그러나 각 구획을 분리해 소유하거나 매매할 수는 없다. 다가구는 일반적으로 한 건물의 소유자가 1명이며, 여러 가구가 모여 사는 형태다. 즉, 임대인은 1명 임차인은 여러 명이다.

다세대주택

'공동주택'이라 불리며, 4개 층 이하의 건물이다. 다세대는 각 세대별로 등기를 별도로 하여 소유가 가능하다. 각 호실별로 임대인과 임차인이 다르며, 아파트 개념으로 보면 이해하기 쉽다. 다세대는 다가구와 달리 한 호실을 낙찰받을 수 있기 때문에 다가구에 비해 소액으로 투자가 가능하다.

경매 용어

부동산 경매

'경매'라는 말은 '경쟁매각'의 줄임말이다. 경매는 채권자의 신청(임의경매 또는 강제경매)에 따라 법원이 진행하며, 부동산을 매각하는 경매 절차에 따라서 최고 가격을 제시하는 자에게 매각하는 방법이다. 채무를 이행하지 못하는 채무자의 재산을 제3자에게 매도하고, 이때 발생하는 돈을 채권자에게 나눠준다고 생각하면 이해하기 쉽다.

흔히 알고 있는 경매는 누가 얼마를 써냈는지 공개적으로 알 수 있지만, 부동산 경매는 누가 얼마를 썼는지 알 수 없는 시스템이다. 따라서 어느 정도 운이 필요하기도 하다. 간혹 아무도 참여하지 않아 내가 쓴 가격이 그대로 1등이 되는 경우도 있다.

임의경매

부동산 경매는 크게 임의경매와 강제경매로 나뉜다. 경매 입찰자에게 영향을 주는 것이 아니기 때문에 간단히 이해만 하고 넘어가자.

'임의'는 '맡길 임, 뜻 의'라는 의미로 '나의 뜻을 위임한다'는 말이다. 임의경매는 담보권 설정에 따른 실행을 위한 경매이다. 채무자가 채무에 대한 원금과 이자를 일정대로 지급하지 못할 경우, 채권자는 담보권을 행사하여 담보 물건을 매각함으로써 자신의 채권을 회수하는 것이다.

예를 들어 주택담보대출을 할 때 계약서를 작성하는데, 이 행위 자체가 '임의'이다. 계약서에는 '내가 이자를 못 갚을 경우 알아서 이 집을 팔아서 돈을 회수하라'는 내용이 담겨 있다. 만약 내가 계약 내용에 따른 원금이나 이자를 갚지 못할 경우 채권자는 담보 물건에 대한 '임의경매'를 신청할 수 있다. 즉, 담보로 잡은 부동산 같은 자산을 경매를 통해 판매한 다음 빌려준 돈을 회수하는 것이다.

임의경매는 담보권(근저당권, 전세권 등)을 통해 별도의 소송 없이 바로 경매를 신청할 수 있다. 담보를 설정한 채권자라면 임의경매 신청이 가능하다. 담보는 근저당권, 전세권, 저당권, 담보가등기 등이 있다. 임의경매 절차는 강제경매보다 간단하다.

강제경매

근저당권, 전세권 등 담보권 설정이 아닌 카드 빚, 차용증 등은 강제경매를 통해 회수가 가능하다. 주인이 원하지 않아도 판결을 받아 진행할 수 있다. 예를 들어 개인 간 돈 거래에서 근저당권을 설정하지 않고 차용증만 작성했다고 가정해보자. 그런데 만약 채무자가 돈을 갚지 않을 경우 어떻게 해야 할까? 채권자는 빌려준 돈을 받기 위해 채무자가 가지고 있는 자산을 찾아내야 한다. 차용증은 법적으로 의미가 없기 때문이다. 채무자가 가지고 있는 자산을 팔아 돈을 회수해야 한다.

자, 여기서 채무자의 부동산을 찾았다면 이 부동산을 경매를 통해 매각하고 대금을 받아 채무를 회수하면 된다. 하지만 차용증 하나만으로는 '임의경매'를 신청할 수 없다. 이때 채무자의 동의 없이 차용증을 통해 가압류를 설정하고 법원에게 집행권원(판결문)을 받아야 경매 신청이 가능하다. 이를 '강제경매'라 말한다. 즉, 강제경매란 법원에 소송을 제기하여 채권자가 원하는 판결문 등을 받은 후에 경매를 신청하는 것이다.

근저당

미래에 생길 채권의 담보로서 저당권을 미리 설정하는 것이다. 근저당을 설정했을 경우, 법원 소송 절차가 필요하지 않고 '임의경매' 신청이 가능하다.

가압류

법원이 채권자를 위하여 나중에 강제집행을 할 목적으로 채무자의 재산을 임시로 확보하는 일이다. 채무자가 재산을 숨기거나 팔아버릴 우려가 있기 때문이다.

말소기준권리

'말소'라는 단어는 '기록되어 있는 사실 따위를 지워서 아주 없애버린다'는 의미다. 따라서 말소기준권리는 '완전히 지워지는 것의 기준이 되는 권리'로 이해할 수 있다.

경매에 올라온 부동산에 입찰하는 경우를 생각해보자. 해당 부동산에 존재하던 권리가 말소되어 지워지는가, 그렇지 않고 그대로 남아 낙찰자가 책임을 져야 하는가를 결정하는 기준이 되는 권리를 '말소기준권리'라고 말한다. 말소기준권리는 임차인의 대항력 여부를 보기 위한 중요한 기준이다. 말소기준권리에는 대표적으로 (근)저당, (가)압류, 담보가등기, 전세권 등이 있다.

경매 사이트 용어

○○○○타경×××

경매를 진행할 때 이용하는 사건번호로 '○○○○' 부분은 연도를 표시하며, '××'은 접수된 번호를 말한다. 예를 들어 '2021타경456'이라고 적혀 있을 경우, '2021년에 456번째로 접수된 물건'이라고 이해하면 된다.

모든 물건은 사건번호가 있기 때문에 관심 있는 물건의 사건번호를 따로 적어두면 조사할 때 수월하다. 또한, 경매 사이트를 이용하면 물건을 장바구니에 담 듯 모아둘 수 있는 기능이 있다. 이런 기능을 이용하면 조사 시간을 많이 아낄 수 있다.

매각기일

해당 물건에 대해 경매가 진행되는 일자와 시간을 말한다. 매각기일이 '2021-09-23 10:00~ (목)'이라고 적혀 있을 경우, 이 물건에 입찰하고 싶은 사람은 해당 날짜와 시간에 맞춰 경매가 진행되는 법원에 가야 한다. 보통 1시간 정도 입찰 서류를 제출하는 시간이 주어지며, 법원마다 입찰 시작 시간과 종료 시간이 다르기 때문에 미리 잘 알아보고 방문해야 한다.

이때 본인이 직접 가지 못하는 상황일 경우 대리인을 통해 입찰이 가능하다. 대리인 입찰 시에는 추가 서류가 필요하니 이 점을 인지하고 있어야 한다.

유찰

경매 입찰자가 없어 낙찰이 결정되지 않고, 다음 경매 기일로 넘어가는 것을 말한다. 일반적으로 유찰당 입찰 최저가 금액이 20~30% 떨어진다. 예를 들어, '유찰이 2회 된 물건'이라는 뜻은 '감정가에서 20~30%씩 2회 떨어진 물건'이라는 의미이다.

감정가

해당 경매 물건에 대해 법원이 감정평가사를 통해 측정한 타당한 가격이다. 경매 시작가는 감정가를 토대로 진행된다. 만약 매각기일에 입찰 참여자가 없을 경우 '유찰되었다'고 말하며 경매 입찰 최저가는 감정가 기준으로 20~30%씩 떨어진다.

최저가

경매 입찰하는 물건의 최저 가격을 말한다. 첫 매각기일의 최저가는 감정가로 시작하며, 유찰 횟수에 따라 최저가는 달라진다.

예를 들어 법원이 부동산의 가치를 측정하기 위해 감정평가사를 통해 평가한 감정가는 1억 원이다. 매각기일에 입찰 최저가는 감정가인 1억 원으로 시작한다. 따라서 경매 입찰자는 최소 1억 원부터 입찰가를 작성할 수 있다. 그런데 매각기일에 아무도 입찰하지 않았고, 1회 유찰되었다. 그렇다면 다음 매각기일 최저가는 감정가 대비 20%(지역마다 차이가 있음)가 떨어진 8천만 원이 된다. 이때 입찰자는 최소 8천만 원부터 입찰가를 작성할 수 있다.

권리분석 용어

권리분석

경매 물건을 낙찰받기 전, 낙찰자가 낙찰금 이외에 추가로 인수해야 하는 권리가 있는지 여부를 보기 위한 분석이다. 즉, 낙찰자가 책임질 권리가 있는지 없는지, 추가로 낼 돈이 있는지 없는지를 보기 위한 절차다.

권리분석은 크게 '등기부등본 권리분석'과 '임차인 권리분석'으로 나뉜다. 책임질 권리가 있는지 여부를 보기 위한 기준은 '말소기준권리'이며, 말소기준권리에 따라 인수 또는 말소가 결정된다. 임차인이 있을 경우에는 임차인의 대항력 여부에 따라 낙찰자가 낙찰금 이외 추가로 지불해야 할 금액이 결정된다.

등기부등본

부동산에 관한 권리 관계를 적어두는 등기부를 복사한 증명 문서이다. 주소, 용도, 소유자, 채무, 면적 등 해당 부동산에 대한 모든 역사가 기록되어 있다고 볼 수 있다. 대법원 인터넷등기소 사이트(www.iros.go.kr)에 들어가 수수료를 납부하면 아무나 등본을 열람할 수 있다. 보통은 계약 시 공인중개사가 등기부등본을 출력하여 분석을 해준다. 하지만 부동산 경매를 공부한 사람이라면 이사 가기 전에 등기부등본을 미리 열람하여 문제가 있는지 없는지 직접 분석할 수 있다.

감정평가서

경매에 올라온 토지 및 건물에 대한 경제적인 가치를 평가하기 위해 작성된 문서이다. 일반적으로 감정평가사가 다양한 객관적 자료들을 근거하여 판단한다. 감정평가서 안에는 부동산 사진, 방 구조도 등이 포함되어 있어 분석할 때 참고하기 좋은 자료이다.

현황조사서

법원 집행관이 해당 부동산에 직접 방문해 조사한 내용을 기재한 문서이다. 말

그대로 '현재 상황을 조사한 자료'다. 경매가 진행되면 법원은 집행관에게 해당 부동산에 누가 살고 있는지, 임대차 현황은 어떤지, 소유자와의 관계가 어떤지 등을 조사하도록 한다. 방문했을 때 사람이 없는 경우에는 안내장을 붙여두며, 인근 주민센터에 들러 전입세대 열람 내역을 통해 거주자를 확인한다. 현황조사서는 경매 입찰 예정자가 권리분석하는 단계에서 반드시 참고해야 할 자료 중 하나이다.

매각물건명세서

권리분석 시 가장 중요하게 봐야 할 참고 자료다. 법원이 제공하는 문서로 매각할 물건의 현황과 권리 관계 등을 자세하게 적어두기 때문이다. 매각기일 일주일 전까지 법원에 비치하여 누구든지 볼 수 있도록 하고 있다. 법원이 매각물건명세서를 제공하는 이유는 경매 입찰 예정자에게 부동산과 관련된 정보를 제공함으로써 예측하지 못한 손해를 방지하고자 하는 것이다. 따라서 권리분석을 하는 단계에서 반드시 참고해야 할 자료 중 하나이다.

재매각

매각기일에 낙찰이 되었으나, 낙찰자가 잔금을 납부하지 않았거나 포기하여 다시 매각 절차를 진행하는 것을 말한다. 재매각된 물건은 이전 낙찰자가 '입찰보증금'을 포기했다는 의미로 볼 수 있다. 손해를 보면서까지 입찰을 포기하는 이유는 크게 세 가지로 나눠볼 수 있다.

1. 잘못된 시세 조사 및 낙찰을 받아야 한다는 부담감으로 시세보다 높은 가격

을 쓴 경우
2. 개인 문제로 인해 대출이 불가능한 경우
3. 잘못된 권리분석으로 인해 낙찰자가 인수해야 하는 권리에 문제가 있는 경우(유치권 등)

재매각 물건일 경우 큰 문제가 있다고 판단해 입찰을 포기하는 경우가 많다. 하지만 재매각 물건은 이러한 이유로 경쟁률이 낮아질 가능성이 높기 때문에 자신이 있다면 적극적으로 공략해도 좋다. 단, 위에서 언급한 것 중 3번 이유는 아니어야 한다. 실제로 물건이나 인수해야 할 권리에 문제가 있어 이전 낙찰자가 포기한 상황일 수도 있기 때문에 각별히 주의해야 한다.

유치권

권리분석 단계에서 매각물건명세서에 '유치권'이라는 단어가 적혀 있다면 주의해야 한다. 유치권은 타인의 물건을 점유한 자가 이에 관하여 생긴 채권을 돌려받을 때까지 유치할 수 있는 권리를 말한다. 쉽게 말하자면 건축업자가 집을 건설하는 과정에서 공사비를 받지 못한 경우, 공사비를 받을 때까지 해당 부동산을 점유할 수 있는 권리다. 유치권이 걸려 있는 집을 낙찰받는다면 해당 변제금을 낙찰자가 책임져야 하는 상황이 올 수 있다. 이러한 유치권 물건을 '특수물건'이라고 말한다.

대항력

임차인으로서 임대인에게 본인의 계약 기간과 보증 금액을 보장받을 수 있는 권리다. '임차인이 임대인에게 대항할 수 있는 힘'을 말한다. 대항력은 임차인을 보호하기 위해 「주택임대차보호법」에 규정된 핵심 내용이다. 경매 입찰 예정자는 이러한 개념을 알고 있어야 낙찰금 이외에 추가로 물어낼 돈이 있는지 없는지 권리분석이 가능하다.

대항력은 모든 임차인에게 부여되는 것은 아니다. 대항력이라는 권리를 가지기 위해서는 '점유'와 '전입신고'를 해야 한다. 점유는 말 그대로 해당 부동산에 거주하여 살고 있는 것을 뜻하고, 전입신고는 해당 주민센터에서 할 수 있다. 그러나 전입신고를 한다고 해서 모두 대항력을 갖는 게 아니기 때문에 주의해야 한다. 말소기준권리보다 전입신고가 빠른 경우 대항력이 발생하며, 말소기준권리보다 늦은 경우 대항력은 없다고 본다.

최우선변제권

주택임대차계약 관계에 있어 임차인을 보호하기 위해 존재하는 권리이다. 「주택임대차보호법」을 통하여 임차인의 최소한의 권리를 보장한다는 이유로 소액보증금을 최우선적으로 임차인에게 돌려주는 것이다. 만약 임차인이 대항력이 없다고 해도 최우선변제권 조건 안에 들어가면 일정 보증금을 돌려받을 수 있다. 이때 최우선변제금은 어떠한 채권자들보다 먼저 받게 된다. 최우선변제금은 낙찰금에서 주어지기 때문에 낙찰자가 추가로 지불해야 하는 돈이 아니다.

전입신고

거주지를 옮길 때에 새로 살게 된 곳에 그 사실을 알리는 일이다. '임차인 권리분석' 과정에서 가장 중요한 기준이 된다. 전입신고일자가 말소기준보다 빠른 경우 임차인의 대항력이 생기며, 말소기준보다 늦으면 대항력은 없다.

확정일자

임대차계약이 이루어진 일자를 증명하기 위해 계약서에 도장을 찍는 것이다. 만약 해당 집이 경매에 넘어간다면, 임차인이 보증금을 돌려받을 수 있는 조건이 될 수 있다. 확정일자는 대항력의 기준이 아닌 배당순서의 기준이 된다. 경매 초보자들이 전입일자와 확정일자를 혼동해 잘못된 권리분석을 하는 경우가 종종 발생하는데 이 부분을 주의해야 한다.

맺음말

지금 당장,
행복한 부자 되세요

아직도 평범한 사람은 건물주가 될 수 없다고 생각하나요?

평범한 직장인도 월세 받는 삶을 살 수 있다는 저의 이야기를 진심을 담아 옮겨 적어봤습니다. 물론 이 글을 쓰고 있는 저는 대단한 부자가 아닙니다. 그렇지만 소중한 것들을 지키기 위해, 소중한 사람들과 많은 시간을 보내기 위해, 돈과 시간을 둘 다 벌 수 있는 '경제적 자유'를 꿈꾸며 살아가고 있습니다.

물론 처음 하는 일은 두려운 게 당연합니다. 그런데 작은 목표를 세우고 하나씩 경험해보니 자신감도 생기고 다른 일도 할 수 있겠다는 용기가 생기더라고요. 여러분들도 충분히 할 수 있습니다. 저는 힘들 때마다 미래에 건물주가 되어 월세를 받고 있는 제 모습을 상상하면서 힘을 냈습니다. 여러분들도 힘들 때마다 여러분이 꿈꾸는 구체적인 미래를 상상해보세요.

경제적 자유를 얻기 위해 자산을 모으는 과정이 어려울 수 있습니다. 저 또한 아직도 경험 중이니까요. 저라는 사람은 식당에 가서 "이모~"라고 부르는 것조차 어려워하는 사람이었습니다. 그런 제가 부동산 조사를 하고 명도를 하고 임차인과 계약까지 했습니다. 부동산 투자는 반드시 변수가 존재합니다. 그 가운데서 여러분은 '문제를 해결하는 방법을 찾는 투자자'가 되셨으면 합니다.

"좋아하는 일에는 방법이 보이고, 싫어하는 일에는 핑계가 보인다."

제가 좋아하는 말입니다. 여러분들도 끝까지 포기하지 않고 해결 방법을 찾는 사람이 되길 바랍니다.

경제적 자유를 위해 발버둥 치는 저의 투자 과정을 책에 그대로 담았고, 앞으로의 이야기들도 커뮤니티를 통해 공유해보려고 합니다. 이 책이 당신에게 작은 힌트가 되길 바랍니다.

지금까지 이룬 일들이나 이렇게 글을 쓸 수 있는 기회를 얻게 된 것은 결코 저 혼자 열심히 하거나 잘나서가 아닙니다. 나를 존재하게 해준 가족, 어떤 이야기도 나눌 수 있는 친구들, 좋은 기회를 제안해주고 도와주신 탈잉 담당자분들, 일할 수 있는 기회를 주신 원장님들,

서로 힘이 되며 일하는 동료분들, 저를 믿어주신 환자분들 그리고 저를 위해 기도해주시는 분들 덕분입니다. 모든 분들께 감사의 인사를 전합니다. 그리고 이 글을 읽어주신 독자분들께도 진심으로 감사합니다. 모두 행복한 부자 되세요.

"당신 덕분입니다."

오늘부터 건물주

발행일 2021년 10월 30일 (1판 1쇄)
2023년 03월 24일 (1판 5쇄)

지은이 제이든(채병도)

발행인 김윤환
출판 총괄 유진 | **책임 편집** 이한나
디자인 총괄 조중현 | **표지 디자인** 주지호

발행처 (주)탈잉
신고 2020년 2월 11일 제2020-000036호
주소 서울특별시 강남구 테헤란로 625 6층
이메일 books@taling.me
팩스 02-6305-1607
홈페이지 www.taling.me
블로그 blog.naver.com/taling_me
페이스북 @taling.me | **인스타그램** @taling_official

ⓒ 제이든(채병도), 2021

ISBN 979-11-974316-6-1 (03320)

- 책값은 뒤표지에 있습니다.
- 잘못된 책은 구입하신 곳에서 바꾸어 드립니다.
- 이 책은 저작권법에 따라 보호받는 저작물이므로 무단 전재와 무단 복제를 금하며,
  이 책의 전부 또는 일부를 이용하려면 반드시 저작권자와 (주)탈잉의 서면 동의를 받아야 합니다.